AF563815

CARACTÈRE ET TENDANCES

DU

LIBERALISME

par A. M. MAUPIN

PRIX : 1 FRANC 20 *Franco*

PARIS-AUTEUIL
IMPRIMERIE DES APPRENTIS-ORPHELINS. — ROUSSEL.
40, rue La Fontaine, 40.
—
1882

CARACTÈRE ET TENDANCES

DU

LIBÉRALISME

CARACTÈRE ET TENDANCES

DU

LIBERALISME

par A. M. MAUPIN

PRIX . 1 FRANC 20 *Franco*

PARIS-AUTEUIL
IMPRIMERIE DES APPRENTIS-ORPHELINS. — ROUSSEL.
40, Rue La Fontaine, 40.

AVANT-PROPOS

J'admire ces Pangloss qui prétendent que tout est pour le mieux dans le meilleur des mondes possible. Pourquoi nous parlent-ils sans cesse de progrès ? Si tout est parfait dans leur monde idéal, le progrès alors n'est plus possible.

Le progrès, on peut l'envisager de différentes manières, comme on le poursuit par différents moyens plus ou moins proportionnés à leur fin. Peut-on dire que l'état actuel de la société, au point de vue moral, accuse un véritable progrès ?...

Des cris impies s'élèvent contre l'Eglise comme autrefois au prétoire : *Tolle... nolumus hunc regnare super nos ;* mais elle puise son courage et sa force dans les promesses de son divin fondateur et dans son assistance qui ne lui fit jamais défaut.

Elle a traversé, dans le cours des siècles, de plus rudes épreuves, elle en est sortie toujours victorieuse. Solidement établie sur son rocher, comme un phare lumineux battu par les flots, elle montre le port et ne cesse de répandre sa bienfaisante lumière sur une mer orageuse, féconde en naufrages.

Ces consolantes pensées m'invitent à unir ma faible voix à ce concert d'efforts dirigé vers le but unique d'arrêter le déclin social. En rappelant le chrétien de nos jours à la pratique de la religion, au respect de l'Eglise, de son autorité, de ses institutions, en attirant la sollicitude des parents chrétiens sur l'éducation religieuse de leurs enfants, je prétends défendre le vrai principe de la civilisation et du progrès.

Je serais heureux de faire partager à tous ceux qui me liront ma conviction profonde que la première condition d'existence et de perfection, pour toute société, est de puiser sa sève vitale à la véritable source, qui est la religion.

I

Qu'est-ce que le libéralisme? Je dois naturellement commencer par le définir, et j'avoue que je ne saurais en donner une définition essentielle, adéquate · il se tient dans l'ombre, s'enveloppe de mystère, se sert de déguisements, change de couleur comme le caméléon. Le libéralisme porte tantôt sur le dogme, tantôt sur la morale, et peut s'accentuer à différents degrés. Il est juste de dire que le libéral ne saurait se définir lui-même; souvent il ne se connaît pas comme tel, et il est généralement, je crois, dans la bonne foi; son erreur tient au défaut d'instruction religieuse et aux préjugés d'éducation. Je vais essayer cependant une définition descriptive, et peindre, le mieux que je pourrai, ses principaux traits, reproduire ses principaux caractères. C'est en conversation que je le saisis dans la pose la plus naturelle; écoutez-le.

Il commence d'ordinaire par protester de la pureté de sa foi et de son attachement à l''Eglise catholique; puis il vous parle de tolérance, de conciliation, de liberté de conscience, etc. «Il ne faut pas être trop sévère.... C'est l'instinct, c'est la nature... N'importe l'époque, n'importe la religion, la morale est à peu près toujours au même niveau, l'humanité est toujours l'humanité ; puis il dénigre les institutions catholiques : Il faut être de son temps... Il faut suivre le progrès... Il faut bien faire des concessions... On devrait accorder les réformes que réclame l'esprit de l'époque... Le jeûne et l'abstinence, bon pour le moyen-âge ; mais de nos jours, on devrait laisser tout cela à la libre discrétion de chacun.... » puis il attaque l'institution divine de l'Eglise : l'autorité, le souverain magistère, l'infaillibilité même du Souverain-Pontife — tout en se croyant plus catholique que le Pape ; — il se vante de n'être pas ultra-montain, il regrette les traditions de l'ancien clergé gallican ; il n'aime pas le syllabus, il en parle souvent et le critique sans le connaître ; puis il termine ses diatribes par cette sentence qui résume tout et qui le caractérise : « Après tout, les opinions sont libres. »

Voici ses deux caractères les plus saillants :

1° il affaiblit le principe d'autorité, il tend ainsi au relâchement de la discipline et de la morale. 2° Il accepte, sur plusieurs points de doctrine, en matière même de foi, le contrôle de la raison individuelle. Il va plus ou moins loin, suivant les circonstances de temps, de lieux et de personnes. On ne devra donc point s'étonner que je lui trouve quelques points de contact avec le rationalisme, et même avec le Protestantisme. Loin de moi les invectives et les récriminations acerbes, qui ne font qu'aigrir les cœurs et éloignent les esprits de la vérité ; puisse la charité chrétienne et la douceur évangélique inspirer toutes mes paroles.

II

On dit souvent et à tout propos : Les opinions sont libres. Discute-t-on, par exemple, politique, sciences, littérature, religion, la discussion s'anime, s'échauffe ; on soutient le pour et le contre, on ne s'entend pas, chacun abonde en son propre sens ; à la fin, de guerre las, et à défaut d'arguments, sans doute, l'un des champions veut trancher la difficulté et croit tout concilier en prononçant gravement : « Après tout, les opinions sont libres. » Les opinions sont-elles libres, oui ou non ? Je réponds : Les opinions sont libres s'il s'agit proprement d'opinions. Je dis d'une manière absolue qu'une opinion, en tant qu'opinion, est toujours libre ; mais la confusion vient de ce que l'on regarde comme choses d'opinion des choses qui n'ont point cette nature. Je m'explique.

Les opinions sont libres, s'il s'agit de choses

de pure opinion, de ces choses dont saint Paul dit que Dieu les a abandonnées aux libres discussions des hommes. Encore, parmi celles-ci, y en a-t-il qui ne sont pas de pure opinion. Tels sont les axiômes, ou vérités évidentes qui s'imposent d'elles-mêmes à notre intelligence. Vous me dites, par exemple, deux et deux font quatre : mon esprit saisit cela de claire vue, et c'est pour moi une vérité incontestable, et non une chose de pure opinion.

J'admets qu'il y a, dans le domaine de la foi, beaucoup de choses qui ne sont pas évidentes et qui ne s'imposent pas de cette manière à notre raison : est-on libre, cependant, de les admettre ou de les rejeter ? pouvons-nous dire, en matière de foi : Les opinions sont libres ? Je réponds non, parce qu'en matière de foi il n'y a plus d'opinions, mais des vérités ; notre certitude doit se fonder sur la parole même de Dieu qui est la suprême raison... J'accorde qu'il y a, même en religion, des choses de pure opinion, par exemple : les saints du ciel voient-ils, tout ce qui se passe sur terre ? où s'arrêtent leurs connaissances ? La révélation ne nous dit rien sur ce point. — Pour éclaircir ma réponse, je me hâte d'établir quelques principes.

Le plus grand don qu'ait pu faire à l'homme

le divin Créateur, c'est la liberté, puisque c'est par là que l'homme peut se dire réellement l'artisan de ses œuvres, le maître de ses destinées. Mon sens intime, à part le raisonnement, me dit que je ne suis pas un automate, une machine un peu mieux organisée que celle de Vaucanson : je sens que je suis libre. Je considère deux choses : je les compare, je réfléchis, je délibère, puis je me détermine pour l'une ou l'autre, je fais mon choix librement. Je sens que je n'obéis pas à une nécessité aveugle. Je comprends, d'autre part, que Dieu, en fournissant à tous mes actes un concours physique, c'est-à-dire en donnant le mouvement et la vie, l'énergie naturelle nécessaire pour agir, laisse néanmoins à ma volonté sa libre détermination. Je ne puis d'ailleurs supposer que Dieu soit responsable de la moralité de mes actes ; cela répugne à sa sagesse, à sa justice, à sa sainteté. Cela répugne à l'idée même de Dieu. Concevoir ainsi Dieu, ce serait se faire un Dieu injuste et cruel : injuste, qui nous récompenserait du bien que nous aurions fait malgré nous ; cruel, qui nous punirait du mal que nous n'aurions pu éviter.

III

Je suis donc libre ; et c'est en ce sens que je puis dire que toutes les opinions sont libres. Comme on est libre de faire bien ou mal, ainsi est-on libre de penser bien ou mal (1). Mais dire que toutes les opinions sont libres en ce sens que toutes sont bonnes, permises, et ne répugnent point, de soi, à la bonté, à la justice, à la sagesse, à la sainteté de Dieu, c'est faux, c'est évidemment faux, c'est blasphématoire. Dieu ne peut être indifférent au bien ou au mal, à la vérité ou au mensonge, à une religion vraie ou à une religion fausse ; et de là résulte pour nous l'obligation morale de nous déterminer, *par libre choix* (2), en faveur de la religion la meilleure et qui doit être l'unique véritable. Car

1. On comprendra que je ne puis ici distinguer et définir les différentes sortes de liberté, ni parler le langage de l'école.
2. Devoir et liberté ne se contredisent pas. On enseigne d'ailleurs en philosophie que rien ne peut forcer notre volonté. C'est ainsi que les martyrs triomphaient par leur mort.

il serait insensé de dire, de deux propositions contradictoires, qu'elles sont toutes deux également vraies, toutes deux également bonnes ; pas plus, et moins encore en matière de religion qu'en matière de sciences. Prétendre qu'en matière de religion, il faut accorder à l'esprit humain cette liberté d'opinion, parce que nous ne pouvons atteindre sûrement la vérité, et qu'il n'y a pas de règle certaine qui puisse nous faire distinguer une opinion vraie d'une opinion fausse, une religion vraie d'une religion fausse, c'est une grave erreur ; et en conclure, pour cette raison même, que toutes les religions sont bonnes, c'est le comble de l'absurdité ; autant vaudrait dire que toutes sont mauvaises.

Dieu, dans sa sagesse et sa bonté, n'a pas pu abandonner ainsi l'humanité aux agitations incessantes du doute, aux fluctuations dangereuses de l'erreur, aux déchirements douloureux d'opinions contraires, de discussions violentes et passionnées sur des matières qui intéressent si vivement l'humanité ; il n'a pu laisser les consciences sincères et droites abandonnées sans boussole à ces tempêtes furieuses, sans un moyen quelconque de se diriger à travers ce dédale d'erreurs, à travers ce tourbillon d'idées confuses et contradictoires. Dieu, dans sa bonté et sa sagesse, ne peut être indifférent à ce spectacle lamentable qui ferait le perpétuel tourment de l'humanité et son désespoir, en effaçant l'idée de la Providence divine (1). Et de fait, Dieu n'en a pas agi ainsi. Dieu a parlé, il a révélé aux hommes sa religion. « Dieu qui autrefois parlait à nos pères par les prophètes, *révélant ses mystères comme* par différentes parties et de diverses manières, nous a parlé en ces derniers jours par son propre Fils qu'il a établi héritier de toutes choses, et par qui il a créé même les siècles. » (Hébr. I. 1, 2.) « Il veut que tous les hommes soient sauvés, et parviennent à la connaissance de la vérité. » (Timot. II. 4.)

Et s'il nous semble que Dieu ne s'est pas toujours servi de la même mesure, qu'il n'a pas toujours traité d'une manière également généreuse toute nation; « *Non fecit taliter omni nationi,* » nous devons remarquer que la foi, ainsi que la béatitude surnaturelle, est un don

1. Saint Thomas d'Aquin dit fort bien que, relativement aux choses mêmes que la raison peut découvrir sur Dieu, il était nécessaire que les hommes fussent instruits par révélation divine, parce que la vérité découverte sur Dieu, par la raison arriverait aux hommes par un petit nombre, en un long temps, et avec mélange de beaucoup d'erreurs, et cependant c'est bien de la connaissance de la vérité que dépend le salut de l'homme, qui n'est qu'en Dieu. P. I. Q. 1.

de Dieu purement gratuit, et nous ne pouvons sonder ses desseins impénétrables vis-à-vis telle personne ou telle nation en particulier. Ce bonheur surnaturel n'étant dû à aucun titre, ou n'étant promis qu'à certaines conditions, ce qu'il en accorde manifeste surabondamment sa bonté et sa miséricorde, sans accuser sa justice. « Dieu est bon de son fonds, il est juste du nôtre, dit saint Augustin. »

Les nations ne peuvent être récompensées ou châtiées que sur terre, en tant que nations ; chacune subit ici-bas le sort qu'elle a mérité ; quand Dieu punit une nation à cause de ses prévarications, et semble s'éloigner d'elle, c'est pour qu'elle serve d'exemple aux autres, et pour que l'aiguillon de la souffrance la fasse rentrer dans la voie de ses préceptes. Quant aux individus, Dieu qui sonde les reins et les cœurs, peut seul savoir s'ils sont dignes d'amour ou de haine; il connaît les siens. Il châtie en père, et toujours dans des desseins de miséricorde. Tel qui paraît le plus abandonné, peut fléchir le ciel par une larme, par un soupir.

IV.

Il est essentiel de rappeler que l'infirmité de la raison humaine est une suite de la déchéance originelle. En punition de son infidélité aux ordres du Créateur, l'humanité a été dépouillée des dons surnaturels et blessée dans ses facultés naturelles. Cette vérité admise, tout s'explique; mais ne point l'admettre, c'est se jeter dans un abîme de mystères bien autrement incompréhensibles. L'homme étant donc impuissant, par sa faible raison, à déterminer les rapports qui doivent l'unir au Créateur, comme son principe et sa fin, Dieu lui-même a dû nous les indiquer, manifester ses volontés, *révéler* enfin aux hommes une religion, qui est la meilleure et l'unique véritable. De plus, cette religion, on doit pouvoir la reconnaître; elle doit avoir des marques particulières qui la distinguent des autres; et elle en a en effet. Il doit y avoir, en fait de dogme, des vérités éternelles qui ne changent pas, qui sont de l'essence même de Dieu; en fait de morale, des principes immuables, d'une sainteté, d'une rectitude absolue, et qui ne se prêtent point aux caprices de la mode ou de l'opinion.

S'il en est autrement, si l'on peut tourner à tout vent de doctrine, si l'on peut accommoder les principes à ses caprices, à ses intérêts, à ses passions, on enlève à la religion son caractère divin pour en faire une institution purement humaine, comme une institution de douane ou de police : ce n'est plus alors qu'une duperie, qu'une jonglerie infâme. Je ne reconnais à aucun mortel le droit de pénétrer dans le sanctuaire de ma conscience; et si un ange vient me parler au nom du ciel, je suis en droit de lui demander des signes certains de sa mission divine. « Ayant une telle nuée de témoins, s'écrie Hugues de Saint-Victor (onze millions de martyrs qui ont signé de leur sang leur témoignage), ayant une telle nuée de témoins, nous devons croire; et si nous sommes dans l'erreur, ô Seigneur, pourrais-je vous le dire sans blasphème, c'est vous qui nous avez trompés. » Voltaire a dit : « Je crois volontiers des témoins qui se font égorger. »

Si les philosophes ont pu dire avec raison, que dans les choses nécessaires, la nature n'est pas en défaut, à plus forte raison peut-on dire que, dans les choses nécessaires de la religion, Dieu n'est pas en défaut. Il a pu et su trouver le moyen de communiquer aux hommes les vérités nécessaires au salut, et il a dû également trouver le moyen de conserver dans son intégrité le dépôt sacré des *vérités révélées;* ainsi l'exigent sa sainteté et sa sagesse. Or, ce moyen, c'est l'Église catholique assistée de l'Esprit-Saint.

« Comme mon Père céleste m'a envoyé, moi je vous envoie... Allez, enseignez toutes les nations, les baptisant au nom du Père, et du Fils, et du Saint-Esprit... Qui vous écoute, m'écoute.... Je vous le dis en vérité : tout ce que vous lierez sur la terre sera lié dans le ciel, et ce que vous délierez sur la terre sera délié dans le ciel... Tu es Pierre, et sur cette pierre je bâtirai mon Église, et les portes de l'enfer ne prévaudront point contre elle... Voilà que je suis avec vous jusqu'à la consommation des siècles. S'il n'écoute pas l'Eglise, regardez-le comme un payen et un publicain... Conservez l'excellent dépôt qui vous a été confié, écrit saint Paul à l'évêque Timothée... Soyez fermes à garder les raditions que je vous ai apprises, soit par mes discours, soit par mes lettres. Ce que vous avez ouï de moi en présence de plusieurs témoins, laissez-le à des hommes fidèles qui soient capables d'en instruire les autres. » Telle est donc, dès l'origine, la règle apostolique, et voilà comment la doctrine se devait transmettre, de main en main, par l'Ecriture, et par l'enseignement oral. Les Apôtres l'ont confiée à leurs successeurs *en présence de plusieurs témoins*, c'est-à-dire devant toute l'Eglise catholique, comme l'expliquent les docteurs.

V

L'Eglise porte dans ses propriétés, comme dans son institution, une preuve sensible de son origine céleste; elle est dans une harmonie parfaite avec les desseins de son divin fondateur. Elle est la colonne de la vérité, dit saint Paul; elle n'a été établie que pour la manifestation de la vérité, afin de régénérer par elle le monde et de glorifier Dieu. C'est à cette fin qu'elle a elle seule les caractères distinctifs que lui ont reconnus les Pères du concile de Nicée : *Credo... et in unam, sanctam, catholicam et apostolicam Ecclesiam*. Elle est *une*, comme la vérité qui est essentiellement une : une dans son chef, une dans son ministère, une dans sa doctrine, une dans son culte, une dans ses membres qui ne forment qu'un même corps par les liens de la charité, une dans ses sacrements; *sainte*, puisque la vérité n'est enseignée aux hommes que pour les sanctifier : sainte dans son fondateur, sainte dans sa doctrine, sainte dans sa morale, sainte dans ses membres. Pour preuves, lisez l'Évangile, lisez la vie de Jésus-Christ, lisez la vie des Saints, lisez l'histoire de l'Eglise; *catholique* ou universelle, comme la vérité qui est pour tout le monde; l'Eglise s'étend à tous les temps, à tous les lieux, à toutes les nations; *apostolique* enfin, pour que l'œuvre de Dieu se perpétue par les mêmes moyens par lesquels elle a été formée, car Dieu est toujours semblable à lui-même; apostolique, elle remonte à Jésus-Christ et aux Apôtres par voie directe et par tradition non interrompue; ses Pontifes et ses ministres descendent des Apôtres par légitime succession et sont comme les anneaux d'une longue chaîne sans discontinuation.

Pour laisser à jamais gravée dans l'esprit des pasteurs et des brebis cette loi fondamentale de l'unité, Jésus, la veille de sa mort, se trouvant au milieu de ses disciples, adressa à son Père cette prière : *Mon Père, qu'ils soient un, comme vous et moi sommes un; qu'ils demeurent dans l'unité.* Quelque temps auparavant, il avait annoncé que son Eglise serait semblable à un bercail placé sous la direction d'un seul pasteur : *erit unum ovile et unus pastor.* C'est ainsi que l'entendirent les Apôtres. Saint Paul s'applique à démontrer ce caractère essentiel dans tout le chapitre IV de son épître aux Ephésiens : « Ayez soin de conserver l'unité d'un même esprit par le lien de la paix. Puisque vous n'êtes tous qu'un corps, n'ayez qu'un esprit, comme vous avez été tous appelés à une même espérance. Il n'y a qu'un Seigneur, qu'une foi et qu'un baptême... Et c'est lui-même (Jésus-Christ) qui a donné à son Eglise quelques-uns pour être Apôtres, d'autres pour être Prophètes, d'autres pour être Évangélistes, d'autres pour être Pasteurs et Docteurs : afin qu'ils travaillent à la perfection des saints, qu'ils s'appliquent aux fonctions de leur ministère, et qu'ils édifient le corps de Jésus-Christ : jusqu'à ce que nous parvenions tous à l'unité d'une même foi, et d'une même connaissance du Fils de Dieu, à l'état d'un homme parfait, à la mesure de l'âge selon laquelle Jésus-Christ doit être pleinement formé en nous : afin que nous ne soyons plus comme des enfants flottants et emportés ci et là à tous les vents des opinions humaines, par la tromperie des hommes, et par l'adresse dont ils se servent pour engager dans l'erreur ; mais qu'attachés à la vérité par la charité, nous croissions en toutes choses en celui qui est le chef et le Christ. »

Par ce texte de saint Paul que nous venons

de citer, nous pouvons voir clairement que l'Apôtre entend par Eglise le corps enseignant, le Pape et les Evêques auxquels a été confié le dépôt sacré de la foi, et non pas simplement la société des fidèles, comme le prétendent les protestants. « Gardez l'excellent dépôt, » écrit l'Apôtre à l'évêque Timothée; il lui répète cette recommandation dans deux lettres, et la première commence par ces paroles mêmes.

« Le soin d'enseigner les peuples a été donné en commun à tous les prêtres du Seigneur, dit le pape Saint Célestin, en parlant des évêques, dans une lettre au concile d'Ephèse, 431 ; nous sommes tous engagés, par un droit héréditaire, nous qui, dispersés par le monde entier, annonçons le nom de Dieu, à la place de ceux à qui il a été dit : *Allez, enseignez toutes les nations*... Nous devons donc travailler en commun pour conserver les doctrines qui nous ont été confiées, et qui nous sont transmises par la succession apostolique, car il est commandé de marcher sur les traces des Apôtres. Considérons les paroles par lesquelles notre docteur, le bienheureux Paul s'adresse proprement aux évêques : « Gardez avec soin tout le troupeau sur lequel le Saint-Esprit vous a établis évêques pour gouverner l'Eglise de Dieu, qu'il a acquise par son propre sang. »

VI

D'après ces traditions apostoliques, l'Eglise a toujours considéré comme des branches séparées du tronc, comme des brebis errantes hors du bercail, ceux qui, sur un point quelconque du dogme ou du culte, refusaient obstinément de s'unir aux croyances ou au culte déterminés par le corps des pasteurs. Saint Jean, malgré son extrême douceur, voulait que les fidèles n'eussent aucune communication avec les hérétiques.

Saint Cyprien a écrit un livre entier pour maintenir le dogme de l'unité de l'Eglise, et dans ce livre il assure que « celui-là ne peut pas avoir Dieu pour Père, qui n'a pas l'Eglise pour mère; qu'il est aussi impossible de se sauver si on demeure hors de l'Eglise, qu'il eût été impossible aux hommes de se sauver des eaux du déluge en dehors de l'arche de Noé. » Saint Ignace, martyr, avait dit avant lui : « Si quelqu'un suit les hérétiques, il ne peut être héritier du royaume des cieux. » Ceci découle du principe que nous ne saurions trop rappeler, que le Christianisme est une institution positive, dont tous les éléments ont été posés et coordonnés par son divin fondateur. Il comprend les vérités qu'il nous a enseignées, les moyens de salut qu'il a établis, l'ordre qu'il a institué pour conserver le dépôt de la foi et gouverner les âmes, c'est-à-dire, la hiérarchie des pouvoirs ecclésiastiques : « *Qui vous écoute, m'écoute.* » Pouvoir d'une part, obligation de l'autre, sont d'institution divine; nier ce dogme, c'est briser l'unité, c'est distinguer et choisir arbitrairement entre les parties essentielles du Christianisme, c'est vouloir changer l'œuvre de Dieu, c'est sortir de l'arche et s'exposer à un naufrage certain.

Il serait facile de démontrer que l'Eglise catholique a seule ces caractères de la véritable Eglise. Il paraîtra toujours aux yeux de l'univers, que ces sectes, que ces églises particulières, se sont détachées de ce grand corps et de cette Eglise ancienne que Jésus-Christ a fondée, où saint Pierre et ses successeurs tiennent la première place, dans laquelle toutes les sectes les ont trouvés établis.

« Le moment de la séparation sera toujours si constant, dit Bossuet, que les hérétiques eux-mêmes ne pourront le désavouer, et qu'ils n'oseront pas seulement tenter de se faire venir de la source par une suite qu'on n'ait jamais vue s'interrompre. C'est le faible inévitable de toutes les sectes que les hommes ont établies. Nul ne peut changer les siècles passés, ni se donner des prédécesseurs, ou faire qu'il les ait trouvés en possession. La seule Eglise catholique remplit tous les siècles précédents par une suite qui ne peut lui être contestée. La loi vient au-devant de l'Evangile : la succession de Moïse et des patriarches ne fait qu'une même suite avec celle de Jésus-Christ; être attendu, venir, être reconnu par une postérité qui dure autant que le monde, c'est le caractère du Messie en qui nous croyons. — Jésus-Christ est aujourd'hui, il était hier, il est aux siècles des siècles. »

Voilà ce qui touche particulièrement les protestants éclairés et de bonne foi, voilà ce qui décide ces conversions si nombreuses et si éclatantes. Le lecteur en jugera par cette déclaration du R. J. Moore Capes, ministre anglican de Saint-Jean-Baptiste. Il avait fait construire à ses frais cette église qu'il administrait et, pour condition de ce sacrifice généreux qu'il s'était imposé, il avait obtenu que la paroisse assurerait un revenu convenable à l'ecclésiastique chargé de la desservir : on y avait attaché une riche dotation. Tout était ainsi disposé, quand M. Capes, touché de la grâce, annonce à ses paroissiens qu'il doit tout abandonner, son église et ses revenus, pour devenir enfant de l'Eglise catholique. « Après plusieurs années de mûres réflexions, leur écrit-il, je suis arrivé à cette conclusion, qu'il m'est impossible en conscience de rester plus longtemps membre de l'Église d'Angleterre, et, en conséquence, je cesse d'être ministre de l'église de Saint-Jean. C'est parce que je vois l'accomplissement de la volonté de Dieu dans cette démarche, que je me décide à vous communiquer ce que je sais devoir vous causer du chagrin... Depuis deux ou trois ans je ne puis vaincre en moi le sentiment que l'Eglise d'Angleterre n'est pas la véritable Eglise du Christ. Je l'ai connue par expérience, cette Eglise établie, et je l'ai trouvée en défaut. Elle a quelques bonnes qualités, et une partie de ses membres méritent notre respect et notre affection. Mais, si nous devons en croire la Sainte-Ecriture, le Seigneur de l'Eglise, celui qui est notre repos et notre refuge, n'est pas avec elle, et nous le trouvons ailleurs. Nous devons le chercher dans l'Eglise qui, depuis l'origine, a conservé la même vérité, celle qui n'est ni divisée, ni déchirée par des doctrines diverses, ni par des prétentions d'apôtres qui tous veulent qu'on les écoute comme des envoyés de Dieu. . l'accomplissement d'un devoir exige de nous tous les sacrifices; c'est pourquoi je ne puis hésiter à abandonner toute chose, plutôt que de résister au commandement de Dieu. *Celui qui aime son père ou sa mère, son frère ou sa sœur plus que moi, n'est pas digne de moi.*» (1)

(1) V. *Conversion de soixante ministres anglicans*, et : *Tableau général des principales conversions....* par Rohrbacher.

VII

L'ensemble des vérités essentielles étant ainsi déterminé et connu, nous n'admettons pas que les opinions soient libres dans le dernier sens, c'est-à-dire quand il s'agit de vérités de foi définies ou consignées *clairement* dans le dépôt sacré de la révélation ; ce ne sont plus des opinions. Pour écarter toute équivoque, je dis que toute opinion est libre en tant qu'opinion ; par exemple, vous pouvez penser ce qu'il vous plaira du sort des enfants morts sans baptême, la révélation ne nous apprend qu'une chose à cet égard, c'est qu'ils n'entreront pas dans le royaume des cieux ; mais où seront-ils ? Que deviendront-ils ? Quel sera leur bonheur, en quoi consistera-t-il ? Ici les opinions sont libres. Mais une chose révélée, contenue dans les Saintes

Ecritures ou dans la Tradition (1), une chose de foi définie par l'autorité infaillible de l'Eglise, n'est plus une chose d'opinion, mais une vérité que l'on n'est plus libre de contester ou de rejeter ; autant vaudrait dire qu'on peut à son gré changer de religion, ou même en inventer de nouvelles.

Le pape saint Etienne écrit à saint Cyprien évêque de Carthage en 250, au sujet du baptême conféré par les hérétiques en Afrique : « *Que rien ne soit innové, qu'on s'en tienne à ce qui a été reçu de la tradition.* » Voilà le principe, voilà la règle invariable. Comme l'Eglise n'est pas une école philosophique où l'on dispute, mais une école divine où l'on croit sur la parole de Jésus-Christ ; comme la religion n'est pas un système qui s'invente, qui s'élabore et se modifie par de nouvelles études, mais qu'elle a été établie dans toute sa perfection par son fondateur, on n'a, en toute controverse, qu'à remonter à l'origine pour y trouver la solution des doutes.

1 Les protestants rejettent la Tradition et n'admettent que l'Ecriture-Sainte comme règle de foi : pourquoi observent-ils le *Dimanche* dont il n'est pas question dans la Bible ? Les Saintes Ecritures, ils ne les doivent qu'à la Tradition et à l'autorité de l'Eglise ? Ils ont eux-mêmes leur Tradition : l'Ecriture-Sainte ne parle ni de Symboles, ni de Synodes, ni de Propagande, ni de Sociétés Bibliques.

L'Eglise catholique inflexible, inexorable quant aux principes, se montre très-indulgente, très-tolérante à l'égard des personnes. Condamnant la doctrine, stigmatisant l'erreur, elle laisse vivre en paix tout le monde, et j'avance hardiment que c'est au sein de l'Eglise catholique qu'on respecte le plus la liberté de conscience. (*Voyez la note page* 111.)

Notre religion, en vertu même de sa nature, repousse l'erreur comme la lumière repousse les ténèbres, et c'est préci-ément ce qui marque sa supériorité. Si l'Eglise se voit forcée de retrancher de son sein les hérétiques qui déchirent sa robe sans coutures, et qui causeraient la ruine de leurs frères, elle use de son plein droit, s'acquitte de son devoir, son divin fondateur l'ayant établie juge de la doctrine, gardienne de la vérité.

L'Eglise n'envoie point aux flammes de l'enfer ceux qu'elle retranche de son sein ; loin de là, elle les regarde comme des enfants égarés qui ne cessent d'être l'objet de sa tendresse et de sa sollicitude ; elle conserve pour eux des entrailles de mère ; et nous regardons comme faisant partie, sinon du corps, du moins de l'âme de l'Eglise, tous nos frères dissidents dans la foi, schismatiques, hérétiques, réformés, protestants, luthériens, calvinistes, etc. dont l'erreur n'est pas *volontaire,* et *consciente,* c'est-à-dire ceux dont les dispositions sont telles, qu'ils se rendraient à la vérité, se soumettraient à la vraie religion s'ils la connaissaient.

On ne doit pas ranger parmi les hérétiques, disait saint Augustin, ceux qui défendent un sentiment faux et mauvais sans opiniâtreté, surtout s'ils ne l'ont pas inventé par une audacieuse présomption, mais s'ils l'ont reçu de leurs parents séduits ou tombés dans l'erreur, et s'ils cherchent la vérité avec soin, prêts à se corriger lorsqu'ils l'auront trouvée. » Ce ne sont pas en effet les écarts, les ignorances, ou les aberrations involontaires de l'esprit que Dieu punit; ce sont les désordres coupables du cœur, l'orgueil, l'endurcissement, la mauvaise volonté.

VIII

Il convient d'expliquer ici dans quel sens on a toujours dit qu'il est impossible de se sauver hors de l'Église catholique. C'est là une conclusion si rigoureuse de l'ordre établi par Notre-Seigneur, que l'on ne peut pas la contester sans inconséquence ; mais qu'on se garde bien de lui donner un sens qu'elle n'a pas.

On a souvent comparé l'Église à une personne vivante; on a distingué le corps et l'âme de l'Eglise. Les liens extérieurs qui unissent entre eux les chrétiens, tels que le baptême, la profession de foi, la participation aux sacrements, la soumission aux pasteurs légitimes, forment le corps de l'Eglise ou sa partie visible ; la croyance sincère des vérités révélées, l'espérance des biens surnaturels, la charité et les autres vertus, en sont comme l'âme. Il suit de là que tous ceux qui sont unis à Notre-Seigneur par les dons intérieurs de la grâce, par les vertus infuses de la foi, de l'espérance, de la charité, appartiennent à l'âme de l'Eglise; ils se trouvent unis à tous les fidèles par ces liens intérieurs qu'a formés le Saint-Esprit; ils sont disposés à croire les mêmes vérités, ils aiment le même Dieu, ils tendent à la même fin. Pour qu'ils appartiennent au corps de l'Eglise, il faut de plus qu'ils aient reçu le baptême, et qu'ils demeurent soumis aux pasteurs légitimes. — Je n'écris pas une thèse de théologie.

Il est manifeste, selon les principes de la foi, que personne ne peut se sauver s'il n'appartient à l'âme de l'Eglise. Comment les hommes espèrent-ils aller au ciel s'ils ne sont pas régénérés par la grâce sanctifiante? Or cette grâce qui régénère nous constitue dans un état surnaturel; elle met en nous les dons intérieurs dont nous venons de parler; elle nous associe dès lors à la grande famille des enfants de Dieu.

Sera-t-il de plus nécessaire pour le salut d'appartenir au corps de l'Église? Oui, si on le connaît, car Notre-Seigneur dit en parlant aux pasteurs légitimes: *Celui qui vous écoute m'écoute, celui qui vous méprise me méprise.* On doit donc écouter la voix des pasteurs, si l'on a le bonheur de les connaître; il faut croire ce qu'ils enseignent; il faut recevoir d'eux les sacréments ; en un mot, il faut leur obéir pour obéir à Dieu.

« L'Eglise déclare ouvertement que l'unique espérance de salut pour l'homme est placée dans la foi chrétienne, qui enseigne la vérité, dissipe les ténèbres de l'ignorance par l'éclat de sa lumière, et opère par la charité, et que cette espérance est placée dans l'Église catholique qui, en maintenant le vrai culte, est le solide asile de cette foi, et le temple de Dieu, hors duquel personne, à moins d'avoir l'excuse d'une ignorance invincible, ne saurait avoir l'espoir du salut. » (1).

Ces dernières paroles nous donnent à entendre qu'on peut néanmoins se sauver dans le cas d'une ignorance invincible, sans appartenir au corps de l'Église. L'hérésie et le schisme ne nous mettent hors des voies du salut qu'à raison du crime que nous commettons en refusant d'obéir à Dieu ; donc ceux qui se trompent de bonne foi ne sont pas comdamnés pour le seul fait de l'hérésie ou du schisme. Les enfants qui n'ont jamais adhéré par un acte volontaire et coupable à l'hérésie ou au schisme de leur secte, seront sauvés par la vertu du baptême ; de même les adultes qui n'adhèrent à une secte hérétique et ne demeurent en dehors de la communion exté-

(1) Bref de Pie IX aux évêques d'Autriche, le 17 mars 1856.

J'ai rarement eu l'occasion d'admirer le dévoûment et le désintéressement d'un libéral. Ils ne paraissent point capables d'aspirations nobles et généreuses, et leur cœur ne bat point pour les grandes choses. A quoi bon les missions, pourquoi des missionnaires? me disait un jour un libéral. Pourquoi ne pas se contenter d'évangéliser nos campagnes, et laisser vivre à leur guise ces peuples sauvages? Comment de jeunes prêtres ont-ils le cœur assez dur pour s'arracher à leurs familles qu'ils ne reverront jamais, pour causer tant de chagrin à des parents qui les ont tant aimés et qui ont tout fait pour eux! Je lui répondis: Ce sont des natures privilégiées et des vocations rares; il est permis d'admirer et de louer ce beau dévoûment, mais il ne faut pas le blâmer. Tournez donc plutôt votre blâme contre ces milliers de malheureux jeunes gens qui, n'écoutant que la voix des passions, étouffent dans leur cœur tout sentiment humain, quittent le toit paternel pour suivre plus librement leurs instincts mauvais, couvrent de honte leurs familles, et font mourir de chagrin leurs pauvres parents. De ceux-là, vous n'en dites rien.

A quoi servent les moines, les religieux, à quoi sont-ils utiles à la société, me demandait un jour un autre libéral. (Remarquez bien sa tolérance !) — A quoi sont utiles, lui répondis-je, ceux qui passent de grandes heures dans le cabinet de toilette ou dans le salon, et dont les occupations les plus sérieuses paraissent être les visites, les bals, les spectacles ? Les religieux prient pour ceux qui n'en ont pas le temps, ils édifient le monde par l'exemple de leurs vertus et de leurs austérités. Les religieux travaillent de leurs mains, cultivent la terre ou exercent différents métiers ; ils nourrissent les pauvres des alentours du plus beau produit de leur travail : de viande, de laitage, par exemple, tandis qu'eux ne mangent que des légumes où n'entre pas même l'huile comme assaisonnement, si ce n'est qu'on leur permet cet adoucissement au temps pascal. D'autres s'occupent de l'instruction de la jeunesse, tâche pénible et ingrate qu'on leur dispute en haine de la religion ; d'autres enfin, comme les Bénédictins, s'ensevelissent dans les bibliothèques, et se livrent à des travaux d'étude de la plus haute importance. Des hommes que l'on devrait honorer comme des bienfaiteurs de l'humanité, sont devenus, grâce aux traditions de 93, l'objet de toutes les haines, le point de mire de toutes les attaques de la presse malsaine et des argousins officiels.

Ceci s'accomplit en plein dix-neuvième siècle, au nom de la liberté et du progrès.

On disait un jour devant Napoléon 1er que les monastères n'étaient utiles à rien, qu'on devrait les détruire. «Si on les détruisait, répliqua-t–il, je voudrais moi–même les rebâtir. Les monastères sont utiles pour ceux qui ne veulent pas du monde et pour ceux dont le monde ne veut pas. Détruisez les monastères, ajouta-t-il, nous n'aurons plus assez de prisons ». Napoléon connaissait les hommes et s'instruisait à l'école de l'histoire. La révolution venait de supprimer les monastères, et de son temps déja on commençait à les convertir en prisons ; depuis, plus de la moitié ont subi cette transformation singulière. Et dire que la leçon a si peu profité !

«Il n'y eut jamais, dans aucune société, ni à aucune époque, des hommes plus énergiques, plus actifs, plus pratiques, plus parfaitement héroïques. »... « Celui qui ignore leurs services ou qui les méprise n'a qu'une idée vulgaire de la vertu. » Voilà ce que pensaient de nos moines Pascal et Leibnitz, deux grands philosophes, l'un catholique, l'autre protestant. Nos réformateurs de l'humanité ont une autre philosophie : la philosophie de l'opportunisme, la philosophie des crimes utiles.

XIV

Un coup d'œil rétrospectif sur ces tristes événements ne m'a point éloigné de mon sujet ; je pensais aux libéraux qui prétendent s'en laver les mains. Je les prie d'examiner sérieusement leur conscience, et de voir s'ils n'y ont pas contribué d'une manière plus ou moins directe, plus ou moins efficace, ne fût-ce même que par abstention. De nos jours, on se désintéresse de ces grandes questions sociales ; on craint de paraître bigot ou fanatique ; mais on s'enflamme, on *s'emballe* à propos de chevaux, de chiens et de parties de chasse. On veut jouir sans être dérangé ; du plaisir, on ne veut pas en perdre un carat.

Ecoutez la morale facile et coulante du libéral : Il ne faut pas être trop sévère... Dieu qui connaît notre faiblesse n'exige pas tant de nous... Autres temps, autres mœurs... Le moyen-âge valait-il mieux que notre époque ? Vient-on à parler de l'enfance, de la jeunesse, il donne une entorse aux principes mêmes de la morale essentielle : Il faut que jeunesse se passe... Après tout, c'est naturel, c'est l'instinct... Les enfants doivent se former d'eux-mêmes. . Il faut laisser aux enfants assez de liberté pour ne pas en faire des hypocrites... Il faut les initier de jeune âge à la vie réelle, les habituer au danger, leur apprendre à aimer le monde, puisqu'ils sont pour vivre dans le monde... — Pauvres enfants ! apprenez-leur à marcher nu-pieds sur des charbons ardents sans se brûler. — Fausses maximes, par lesquelles le libéral prétend rassurer sa conscience, tout en se déchargeant de ses devoirs les plus rigoureux, les plus sacrés. « Ceux qui déclinent leurs obligations, a dit le Roi-Prophète, Dieu les confondra avec ceux qui commettent l'iniquité. »

Si l'occasion perd l'homme, à plus forte raison l'enfant. On le compare justement à une cire molle qui prend toutes les impressions, et ce sont les premières impressions qui demeurent, les souvenirs d'enfance sont ineffaçables. Depuis que 93 a passé sur la famille son niveau égalitaire, les rapports entre enfants et parents ont changé de nature ; parents et enfants traitent entre eux comme entre camarades, d'égaux à égaux. Dans les pays catholiques où les anciens usages se sont conservés, en Pologne, en Autriche même, l'enfant baise son père et sa mère sur la main ; *un* baiser le matin, *un* baiser le soir. Que dirais-je de ces manières trop tendres et trop molles, de ce laisser-aller imprudent, de ces libertés dangereuses ? On dit tout, on fait tout devant un enfant ; on parle à un enfant de dix à douze ans comme on parlerait à une personne de quarante ans. Et vous croyez que si jeune, si distrait, il ne vous écoute pas ou ne vous comprend pas ? Erreur ; vos discours excitent sa curiosité naturelle ; malgré ses airs distraits, il écoute et suit la conversation avec intérêt, son imagination ardente s'enflamme ; on l'a mis imprudemment sur la voie du vice.

Et des parents se plaignent *qu'il n'y a plus d'enfants*. Pour *élever* les enfants, il faut *s'élever* soi-même à la hauteur du devoir.

Un élève me disait, au sujet d'un condisciple qui avait été chassé de sa pension Sur ces matières-là, vous ne pourriez pas m'en apprendre, j'en sais plus que vous, j'en sais plus qu'un homme de quarante ans ; j'en ai tant entendu, j'en ai tant vu ! Quelque temps après, il me disait que son père l'avait déjà conduit plusieurs fois au théâtre des Folies-Bergères, ajoutant que c'était un des plus mauvais théâtres de Paris. Or, c'était un enfant qui renouvelait cette année-là même sa première communion. Aussi, il ne se plaisait plus chez les Pères, il n'était plus dans son élément. Il voulait, disait-il, aller au lycée parce qu'il y avait un cousin : déjà il commençait à devenir libéral. — *In quo corrigit adolescentulus viam suam?...*

Et cependant c'est à cette saison de la vie qu'on marche gaiement, plein de confiance et de courage, sans s'effrayer de la longueur ni des difficultés de la route ; en hiver, les jours sont courts, les chemins sont mauvais, l'air est pluvieux, la nuit est prompte et inonée ; la fuite et le voyage sont difficiles.

XV

L'amour aveugle tellement des parents sur le mérite de leurs enfants, qu'ils les prennent pour des perfections, les croient de tout point supérieurs aux autres, d'une nature quasi angélique, impeccables enfin, et ils n'écoutent que ceux qui les flattent sur ce sujet. Une grande dame amène un jour son enfant au R. Père Supérieur de l'école : « Mon Révérend Père, lui dit-elle, je vous amène mon petit Henri. Je vous le confie tel que le bon Dieu me l'a donné : il n'a jamais quitté sa maman, il a encore sa robe baptismale ; c'est un petit ange, pur, innocent ; il est immaculé. » Le R. Père Supérieur dépose un baiser sur le front de l'enfant candide, félicite la mère, et lui promet de s'intéresser particulièrement à son bon petit Henri. Quelques semaines après on remarque que le petit immaculé révèle des instincts qui ne sont pas tout-à-fait catholiques ; on l'observe, on le suit des yeux, et on ne tarde pas à le surprendre en flagrant délit : il communiquait lui-même la contagion. On dut le rendre à sa mère — qui n'en voulait rien croire.

Il faut bien le reconnaître, ce sont les principes religieux qui manquent dans la famille. L'instruction religieuse fait presque totalement défaut. Sous prétexte que l'enfant apprendra plus tard ces choses au catéchisme, on le traite comme s'il n'avait pas d'âme. Mais le corps ! quels soins exagérés, quel culte ! La morale ne peut avoir alors de bases solides. On ne lui forme point la conscience chrétienne, on ne développe point en lui e sens moral ; on ne lui inspire point la crainte de Dieu ni l'horreur du mal; Dieu et devoir sont des mots qu'il entend rarement et qu'il ne comprend pas. Il faut que l'enfant suce pour ainsi dire avec le lait, les premiers éléments de sa religion, les premiers principes de la morale chrétienne, sinon, l'enseignement du catéchisme vient trop tard. Que de mères chrétiennes auraient besoin de se proposer l'exemple de la reine Blanche, la mère de saint Louis : « Mon fils, lui disait-elle souvent, j'aimerais mieux vous voir mort à mes pieds que de vous sentir coupable d'un seul péché mortel » Saint Louis disait lui-même à sa fille : « Chère fille, la mesure par laquelle nous devons aimer Dieu, c est de l'aimer sans mesure. »

J'ai connu dans une riche famille bourgeoise, un enfant de dix ans, intelligent, assez savant déjà pour son âge. Il apprenait particulièrement bien l'histoire et la géographie. Je m'avise un jour de lui demander quel jour Jésus-Christ était mort, quel jour de la semaine ? L'enfant répond : Un dimanche. — A quelle époque de l'année, quel jour l'Eglise célèbre-t-elle la mort de Jésus-Christ ? — A la Pentecôte. — De quelle maladie est-il mort ? — Pas de réponse. — Où est-il mort ? — Sur les bords du Calvaire. — Qu'est-ce que le Calvaire ? — C'est un fleuve. — Où se trouve-t-il ? — En Judée. — On peut se demander si l'on est dans une famille de chrétiens ou de musulmans. Par contre, l'enfant connaissait bien l'histoire des ouïstitis, des nasiques, des chimpanzés, des guenons, des gorilles, des orangs-outans, etc.. Il n'y a pas de doute que les paysans élèvent mieux leurs enfants, surtout à l'égard de la morale ; ils les surveillent eux-mêmes et ne les abandonnent pas à des mains étrangères pour aller gaiement et sans soucis, passer une partie de la nuit au bal ou au spectacle. Pauvres enfants, pauvres parents ! Voilà ceux qu'on appelle la classe dirigeante. Ils dirigent leurs actions et leurs obligations de chemin de fer, ils dirigent encore leur meute de chiens de chasse !

XVI

On va trouver que je dis des vérités terribles, des choses impertinentes : ce qu'il ne convient pas de dire, convient-il de le faire ? J'avoue que je touche la corde sensible et que je mets le doigt sur la plaie vive ; mais tout médicament est amer, toute opération de chirurgie est douloureuse. D'ailleurs on passe tout à un livre ; c'est un ami discret dont les conseils et les réprimandes ne font pas baisser les yeux, ni monter le rouge au visage ; permettez-moi donc de parler franchement, librement, sans vous flatter ; car ce n'est point la tâche que je me suis imposée, et cela n'entre point d'ailleurs dans mon caractère. Vous en avez assez de ces bons amis qui vous admirent, qui vous flattent, et qui se moquent de vous. La vérité est pour moi la première des convenances.

Le libéral est d'avis qu'il ne faut donner l'instruction religieuse à la jeunesse que dans une juste mesure, — c'est-à-dire une teinte légère de *religiosité* vague, indéfinie. — Il ne faut pas trop pousser l'enfant de ce côté, dit-il, mais lui laisser la plus entière liberté, sans contrarier ses goûts. — Son idée particulière, c'est que la religion vous détourne des amusements et des plaisirs du monde et vous rend peu agréable en société. — Il paraît ignorer que la vraie politesse est l'efflorescence de la charité chrétienne; que la religion seule procure des joies pures, des plaisirs incomparables que le monde ne peut donner; que la religion est le meilleur frein qui puisse retenir les consciences dans le devoir; que la religion élève l'homme au-dessus de lui-même et le rend maître de ses passions qui sans cela empoisonneraient, briseraient son existence; que c'est la religion qui donne force et courage pour faire face à l'adversité et supporter les dures épreuves de la vie; que c'est la religion enfin qui offre les meilleures consolations aux cœurs brisés par la douleur. Celui qui conteste ce merveilleux pouvoir de la religion, c'est qu'il n'a pas lui-même assez de religion pour l'avoir éprouvé.

Un jeune libéral de quinze ans disait un jour

rieure de l'Église catholique que par l'effet d'une ignorance involontaire; cet éloignement de la vraie Église est toutefois un malheur pour eux, car ils sont privés de puissants moyens de sanctification surtout des sacrements, qui n'ont été conservés que par l'Église.

Quant aux infidèles, ils n'appartiennent ni à l'âme, ni au corps de l'Eglise; ils n'ont ni les dons intérieurs de la grâce, puisque nous les supposons privés du don surnaturel de la foi; ni le baptême et les autres liens extérieurs, qui nous font membres de l'Eglise; ils sont donc hors des voies du salut. L'infidélité ne leur sera pas réputée à crime, si elle a été la suite d'une erreur involontaire, mais le péché originel et les péchés personnels les tiennent éloignés de Dieu.

Sans trop présumer de la bonté de Dieu, on peut assurer que celui qui observe dans la simplicité de son cœur tout ce qu'il connaît de la loi naturelle, est amené par la miséricorde divine au don de la foi et de la charité nécessaire au salut, de sorte qu'il ne mourra pas sans être régénéré par le Saint-Esprit (1).

(1) De tous les théologiens catholiques, le cardinal Sfondrato est le seul qui envoie en enfer les enfants morts sans baptême. On l'a justement surnommé le Bourreau des enfants, *Tortor puerorum*.

IX

En fait de religions, notre choix serait bientôt fait, ou du moins serait fixé sans variation aucune,si la faiblesse, je ne dis pas tant de notre raison que de notre cœur, ne nous portait à donner la préférence à celle qui paraît la plus douce, la plus accommodante; d'autre part, notre raison faible et orgueilleuse prenant prétexte des obscurités qu'offrent certains points de doctrine, aime à écarter surtout les vérités terribles qui gênent la belle nature et troublent le plaisir. C'est l'histoire de toutes les hérésies et du père Loyson : c'est le cœur qui fait mal à la tête. Un écrivain a dit des apôtres de la Réforme: C'est toujours la même chose, toujours la comédie finit par un mariage. — Avez-vous jamais réfléchi à ceci : de bons protestants se font catholiques, de mauvais catholiques se font protestants : pourquoi ?

A ce sujet, Rohrbacher raisonne comme de Maistre. Voici tout le secret : c'est qu'il ne faut pas grand effort de la part d'un catholique pour opérer un changement de religion qui a pour effet immédiat de diminuer les articles de notre croyance et les ob igations du culte et de la morale, en un mot, pour se mettre plus au large ; il faut au contraire, de la part d'un protestant, de la conviction pour s'imposer un sacrifice onéreux, courir le danger de perdre sa fortune et ses amis, se soumettre à de plus stricts et plus rigoureuses obligations.

Ne vous étonnez pas, lecteur, que je parle des protestants à propos des libéraux ; les protestants sont partis du même principe ; à l'origine, ils étaient simplement libéraux ; plus tard, sujets insoumis, fils révoltés de l'Eglise, ils ont voulu s'affranchir de son autorité légitime, et ils ont courbé le dos sous le joug d'un pouvoir usurpateur ; ils se sont rivé des fers aux pieds. Les protestants n'ont point de Pape, dit un de leurs docteurs ; mais ils ont des papes, mille fois plus intolérants que le pape de Rome : ils ont pour papes les synodes et le souverain de la nation qui peut être une femme ou un enfant ; ils ont des papes de papier, tels que la Bible et les symboles. (1)

(1) Voyez Inhaus, *La Réforme contre la Réforme*, Trad. par Audin.

Les protestants s'élevant contre l'autorité des Synodes et des Réformateurs, disaient : qu'ils aimeraient mieux suivre la Tradition plus sainte et le Pape plus spirituel de l'Eglise catholique » (1).

« Le droit d'examiner ce qu'on doit croire est le fondement du protestantisme. Les premiers réformateurs ne l'entendaient pas ainsi. Ils croyaient pouvoir placer les colonnes d'Hercule de l'esprit humain aux termes de leurs propres lumières ; mais ils avaient tort d'espérer qu'on se soumettrait à leurs propres décisions, comme infaillibles, eux qui rejetaient toute autorité de ce genre dans la religion catholique » (2).

Nos anciens gallicans méritent bien aussi ce reproche. Ils ont voulu, sous un prétexte spécieux, par esprit national, se soustraire à l'autorité paternelle du Pape, pour se mettre aux genoux du pouvoir civil, pouvoir jaloux et absorbant par caractère. Les libertés de l'église gallicane, il convient de les appeler les servitudes de l'église gallicane. On peut faire aux vieux gallicans un autre reproche : c'est d'avoir inventé je ne sais quelle doctrine du droit divin qu'on jette maintenant à la face de tout catho-

2. Iœrg. 1e part. 122.

2. *De l'Allemagne*, par Mme de Staël. IV part. ch. 2.

lique, et qui est comme un mur de séparation entre deux catégories de citoyens. La France n'est pas le domaine du souverain, le souverain est fait pour la nation, et non pas la nation pour le souverain ; autrement, il ne serait pas permis de changer de dynastie. J'accepterais le principe d'hérédité institué, reconnu par la nation, mais non l'hérédité de droit divin dans ce sens rigoureux, inventé par une école particulière, un peu pour flatter l'autocratie de Louis XIV.

Je ne connais qu'un Roi de droit divin, Jésus-Christ, à qui seul il a été dit : « Je te donnerai les nations pour héritage. » (Psalm. II, 8.) Le droit divin, c'est aujourd'hui un mot creux, vide de sens une chimère dont on se sert pour faire peur au peuple. Ce n'est pas en tout cas l'Eglise qui l'a inventé, *ce droit divin,* puisqu'il était opposé au pouvoir du Pape et tendait à l'amoindrir. L'Église enseigne que tout pouvoir vient de Dieu : *Omnis potestas à Deo*, n'importe la forme de gouvernement. La nation en est l'organe, par voie d'hérédité ou par voie d'élection.

Tout souverain régne de par Dieu : « *Per me reges regnant* », et par rois on doit entendre tous représentants du pouvoir public ; c'est ainsi que Jésus-Christ dit à Pilate : « Tu n'aurais sur moi aucun pouvoir s'il ne t'avait été donné d'en haut ; *nisi tibi datum esset desuper*.

« Obéissez à vos supérieurs, dit saint Paul, même quand ils sont d'une autre religion; *etiam discolis* ». — A moins toutefois qu'ils ne commandent des choses positivement contraires à la loi de Dieu; en ce cas, selon saint Paul lui-même il vaut mieux obéir à Dieu qu'aux hommes.

Mais *ce droit divin*, dans le sens des gallicans, n'est pas même chrétien, il est d'origine payenne; les légistes ont puisé ces doctrines dans l'ancien droit romain qui servait de fondement à l'autocratie des *divins* Césars; pouvoir absolu et sans limites, qu'ils professaient ne tenir que du ciel, et dont ils prétendaient ne rendre compte qu'à leur conscience et au très bon et très puissant Jupiter. C'est en vertu de ces doctrines que les légistes opposaient le pouvoir du roi au pouvoir du pape, et ce conflit nous donna le grand schisme qui désola l'Occident, en particulier la France et l'Italie, pendant plus d'un demi-siècle. — Elles parcourent ensuite diverses phases, et reçoivent leur complet épanouissement sous Louis XIV, se résumant en cette formule : « l'État, c'est moi. » Ce fut alors qu'on parla de droit divin ; ce fut alors que le clergé gallican, pour exalter le pouvoir du roi–soleil, signait les quatre articles qui portaient atteinte au pouvoir spirituel même du pape.

Dans le cas d'un conflit entre les deux pouvoirs, un évêque particulier pourrait se tromper sur l'étendue de ses droits et de ses devoirs; mais l'Eglise romaine, l'Eglise catholique, si elle refuse une transaction, c'est qu'elle ne peut pas l'accorder sans porter atteinte à l'œuvre de Dieu; si elle soutient une lutte contre les puissances séculières, c'est que son devoir l'y oblige. Elle pousse la condescendance aussi loin qu'elle peut aller, mais il est un point où il faut qu'elle s'arrête. Il n'y a pas de concession, il n'y a pas de capitulation possible sur l'Evangile; l'Eglise en est la gardienne et l'interprète, elle n'en est pas la maîtresse. Arrive le moment où il faut prononcer le : *Non possumus.* — *Jugez vous-mêmes s'il vaut mieux obéir à Dieu qu'aux hommes,* disait saint Paul

X

On va me faire le reproche de confondre les libéraux avec les rationalistes. Je ne les confonds pas, je veux seulement les rapprocher; je trouve en eux un point de contact que je dois signaler; les rationalistes ont commencé par être libéraux. Je ne voudrais point faire de comparaison par trop plaisante, mais je trouve que le libéral est un peu chauve-souris : avec des catholiques fervents, il est très catholique ; avec un rationaliste, il parle comme un rationaliste ; avec un libre-penseur, il prend les airs d'un libre-penseur ; tant ses principes sont élastiques.

Quoi de plus étrange que ces éclectiques libéraux qui se forment une religion de leur goût avec un certain nombre de vérités qui leur plaisent, et élaguent librement les autres qui les offusquent? Ils prétendent faire preuve de sagacité, mais s'ils avaient le rayon visuel un peu plus étendu, ils embrasseraient d'un même coup d'œil le vaste ensemble de ce superbe édifice, et ne s'arrêteraient pas à ces quelques défectuosités apparentes de détails. Je les compare à un homme qui, ayant fait l'acquisition d'un magnifique château, ferait venir l'architecte et lui dirait : Enlevez-mo cette pierre, elle est d'une forme disgracieuse ; cette autre encore, elle est trop grande et mal proportionnée ; retirez celle-ci, elle est d'un mauvais grain et mal taillée ; ôtez encore celle-là, elle ne me plaît pas à cause de sa couleur trop sombre . . .

Voilà précisément ce qu'ont fait les protestants qui se voient réduits à étayer les murs branlants dé l'ancien édifice par des ballots de papier. Précaution inutile, l'œuvre de dissolution ira d'elle-même. On a comparé le protestantisme à un habit d'arlequin : il se compose en effet de lambeaux de christianisme, de différentes pièces rapportées, cousues avec plus ou moins d'habileté. Depuis longtemps un des leurs avait fait cet aveu : En fait de doctrine, nous sommes en pleine Tour de Babel. Et un autre : On écrirait sur l'ongle les vérités du christianisme qui n'ont pas été niées ou contestées par quelqu'un des pères de la Réforme (1). A New-York on comptait, vers 1840, soixante-douze sectes protestantes : je ne les suppose pas plus nombreuses aujourd'hui, plusieurs même ont dû naturellement se fondre dans l'indifférentisme. Voilà où les a conduits leur libéralisme ; en rejetant l'autorité, ils ont brisé le lien d'unité (2).

Une feuille protestante, le *Globe*, N° 137, nous fait ces révélations : « Notre siècle doute et, dans le doute, sa religion, c'est la liberté, parce que c'est le seul dogme qui permet à chacun de suivre ce qui lui plaît aujourd'hui, de le rejeter demain. Le caractère de ce siècle est de ne pas avoir une religion, mais d'en avoir mille, mais d'en avoir presque autant qu'il y a de familles dans chaque nation » ; *et d'individus dans chaque famille,* pouvait-il ajouter. Autant vaudrait dire que leur religion, leur profession de foi, c'est le doute.

Ce système d'accepter le contrôle de la raison pure sur le domaine du surnaturel, de soumettre au libre examen des matières de foi, c'est le principe protestant qui engendre directement le rationalisme. Le rationalisme conduit

1. Voyez Inhaus : *La Réforme contre la Réforme.*
2. Peronne, *De vera religione.*

de soi, naturellement au déïsme ou à l'athéïsme par différentes étapes : indifférentisme, naturalisme, positivisme, matérialisme, etc. C'est ce rationalisme allemand qui, pénétrant en France à la faveur d'une cour licencieuse et corrompue (la régence), nous a donné ces coryphées de l'incrédulité au XVIIIe siècle, tels que Voltaire, Rousseau, Condorcet, d'Alembert, Diderot, etc., les précurseurs et les fauteurs de la révolution de 93, et les pères de nos modernes philosophes qui veulent que l'homme descende du singe, et qui font élaborer la pensée dans une sorte d'alambic qu'on appelle vulgairement le cerveau. Grâce aux progrès de la science, on dit de nos jours que les machines ont de l'esprit : ne pourrait-on pas dire aussi que l'esprit est une machine?

L'hérésie, à dire vrai, ne fait pas de progrès, n'invente rien, l'esprit de mensonge se bornant à nier et à démolir sans pouvoir rien édifier ; les hérésies se succèdent, se renouvellent, mais ne laissent aucun monument qui puisse braver les siècles. Le monde passe et emporte tout dans sa course, mais la croix restera debout triomphante, et enregistrera de nouveau les défaillances de l'esprit humain comme les vicissitudes des révolutions politiques.

Ceux qui, au nom d'une fausse philosophie, répudient la foi, *tournent le dos à la lumière*, dit saint Augustin ; ils trouveront dans les égarements prodigieux de leur esprit, le châtiment de leur orgueil. *Ils se sont vantés de leur sagesse*, dit saint Paul, *et ils sont devenus insensés.* Voici ce que disait l'un d'eux, qui s'est rendu célèbre en France, et qui a perdu la foi, à l'école de l'Université : « Il y a un petit livre qu'on fait apprendre aux enfants... lisez ce petit livre, qui est le catéchisme, vous y trouverez une solution de toutes les questions que j'ai posées. Demandez à ce pauvre enfant, d'où vient l'espèce humaine, il le sait, où elle va, il le sait, comment elle va, il le sait. Origine du monde, origine de l'espèce, questions des races, destinée de l'homme en cette vie et en l'autre, rapports de l'homme avec Dieu, devoirs de l'homme envers ses semblables, droits de l'homme sur la création il n'ignore rien et, quand il sera grand, il n'hésitera pas davantage sur le droit naturel, sur le droit politique, sur le droit des gens ; car tout cela sort, tout cela découle avec clarté, du Christianisme. Voilà ce que j'appelle une grande religion ; je la reconnais à ce signe, qu'elle ne laisse sans réponse aucune des grandes questions qui intéressent l'humanité. » (*Joubert, Mélanges phil.*)

XI

Certains philosophes, sans contester la possibilité de la révélation, ont prétendu que ce serait une sorte de contradiction de la part de Dieu, de nous donner la raison et de nous proposer ensuite à croire des mystères inaccessibles à la raison elle-même. C'est l'opinion de J. J. Rousseau qui prétendait de plus que, si Dieu faisait une révélation, il fallait qu'il la fît à chacun de nous en particulier, immédiatement, sans se servir d'intermédiaires entre nous et lui. Peut-on porter plus haut les prétentions de l'orgueil! L'homme le plus fier qui fut jamais des prérogatives de sa raison, paraît avoir bien mérité de devenir fou sur la fin de sa vie. Il parle magnifiquement de la divinité de Jésus-Christ et il nie cependant la révélation, sans s'inquiéter de la contradiction. — La mauvaise foi n'a point de logique.

A quelque époque que l'on se reporte, on voit que la religion a été considérée, non comme un système philosophique, produit de l'esprit humain, mais bien comme une institution positive, fondée sur l'autorité de Dieu et transmise par voie d'enseignement : c'est l'idée qu'en ont eue tous les peuples, sans nulle exception.

On regrette que le Christianisme soit impénétrable et voilé : les sentiments ont leurs secrets ; pourquoi la religion n'aurait-elle pas ses mystères ? La nature elle-même a les siens. Les hiéroglyphes des Egyptiens, les cavernes des Scandinaves et des Indiens, les antres des Sybilles, les montagnes saintes, les chênes sacrés où se prononçaient solennellement d'impénétrables oracles, ne sont-ils pas autant de mystères, quoique fort au-dessous des profondeurs de la science de Dieu ?

Depuis les gloires du Thabor et les soupirs du Calvaire, la religion n'a rien perdu de sa puissance. Exempte du doute des religions vieillies, qui ont imposé des lois passagères au monde, son autorité s'élève radieuse et triomphante au-dessus de toutes ces croyances ou théories funestes qui, en défigurant la Divinité, ont terrassé et brisé les peuples par des férocités et des folies sanglantes. Seul, l'édifice religieux élevé par Jésus-Christ a réellement fait avancer l'esprit humain, seul il explique cette chaîne mystérieuse qui unit l'homme à Dieu.

En dehors des choses auxquelles la raison naturelle peut atteindre, il y a des mystéres cachés qui sont proposés à notre croyance, et que nous ne pouvons connaître que par une révélation divine... Le Fils unique rend témoignage au Père qu'il a caché ces choses aux sages et aux prudents, et les a révélées aux petits.

« Lorsque la raison éclairée par la foi cherche soigneusement, pieusement et prudemment, elle trouve, par le don de Dieu, une intelligence très fructueuse des mystères, tant par l'analogie des choses que l'on connaît naturellement, que par le rapport des mystères entre eux et avec la fin dernière de l'homme, sans toutefois être en état de les comprendre comme les vérités qui constituent son objet propre. Car les mystères divins surpassent tellement par leur nature l'intelligence créée, que, bien que transmis par la révélation et reçus par la foi, ils demeurent couverts du voile de la foi et comme enveloppés d'une sorte de nuage tant que nous voyageons en étrangers dans cette vie mortelle, privés de la vue de Dieu; nous marchons guidés par la foi, et non par la vue des choses.

« Mais quoique la foi soit au-dessus de la raison, il ne peut jamais y avoir de vrai désaccord entre la foi et la raison ; car c'est le même Dieu qui révèle les mystères et donne la foi, qui a répandu dans l'esprit humain la lumière de la raison. L'apparence d'une contradiction vient principalement de ce que les dogmes de la foi n'ont pas été compris et exposés tels que l'Eglise les enseigne, ou de ce que l'on prend des opinions erronées pour les jugements de la raison.

« Non seulement la foi et la raison ne peuvent jamais être en désaccord, mais elles se prêtent un mutuel secours; la droite raison démontre les fondements de la foi, et éclairée par sa lumière, développe la science des choses divines; la foi délivre la raison de beaucoup d'erreurs, la protège et l'enrichit de connaissances. Bien loin donc que l'Eglise soit opposée à l'étude des arts et des sciences humaines, elle la favorise et l'aide en bien des manières. Elle n'ignore ni ne méprise les avantages qui en résultent pour la vie des hommes; bien plus, elle reconnaît que les sciences et les arts venus de Dieu, le maître des sciences, doivent de même conduire à Dieu, avec l'aide de sa grâce, s'ils sont convenablement dirigés. Elle ne défend pas, assurément, que chacune de ces sciences ne se serve de ses principes et de sa méthode particulière; mais, en reconnaissant cette juste liberté, elle veille avec soin pour empêcher qu'elles ne se mettent en opposition avec la doctrine divine, en admettant des erreurs, ou en dépassant leurs limites respectives pour envahir et troubler ce qui est du domaine de la foi. » (1)

Après avoir passé par toutes les épreuves, soumis aux dissertations, à l'analyse, aux élaborations de la critique, les dogmes et la morale du Christ devraient jouir maintenant du calme de la possession. Il n'existe pas de religion qui soit, comme le Christianisme, plus vénérable par l'antiquité de ses souvenirs, plus intéressante dans son histoire, qui ait des dogmes plus sensés, une morale plus pure, un culte plus majestueux et plus digne de la Divinité.

(1) Constitution du Concile du Vatican, *Dei Filius*, chap II et IV.

XII

Le libéralisme n'est qu'une forme adoucie du rationalisme. Le libéralisme qui se glisse sournoisement parmi nous, est peut-être l'ennemi le plus dangereux, parce qu'il inspire moins de défiance, comme autrefois le Jansénisme : c'est le loup déguisé sous la peau de mouton. *Attendite à falsis prophetis*, gardez-vous des faux prophêtes, des faux docteurs, gardez-vous des faux frères !

Qui ne se laisserait attendrir par les paroles mielleuses des libéraux ? A les entendre, la charité demande qu'on respecte les opinions de chacun, au point de n'oser les contredire. Cette tolérance, c'est de l'indifférence. Mais la vérité ne peut être indifférente ; elle est de sa nature diffusive aussi bien que la charité ; la vérité aime à se répandre et à se communiquer comme la lumière et la chaleur ; de plus, il est écrit que

Dieu a donné mandat à chacun au sujet de son prochain : *Mandavit Deus unicuique de proximo suo.* Non seulement nous avons le droit, mais quelquefois le devoir de nous occuper des intérêts spirituels du prochain. La charité consiste précisément à éclairer les esprits, et non pas à les endormir dans leurs illusions dangereuses, par une faiblesse également dangereuse, sinon coupable. C'est d'après ces principes néo-libéraux, qu'on veut en France que le prêtre reste enfermé dans sa sacristie et qu'on lui interdit, en Algérie, le prosélytisme religieux. Ne faut-il pas au contraire, que dans un temps où les peuples sont menacés de périr sous l'action de désolantes doctrines, dans un pays où les ennemis de la religion ont répandu partout et font circuler dans les veines de la société le poison de l'erreur, ceux qui ont à cœur la gloire de Dieu et le salut de leurs frères redoublent de zèle pour sauver quelques âmes du naufrage ? Les Apôtres auraient-ils réussi à convertir le monde, s'ils s'étaient inspirés de ces principes ?

Mais rien de plus propre que ces fausses maximes pour refroidir la charité et la ferveur, pour étouffer le zèle et le dévoûment. Voyez les protestants, ils se moquent de nos saints : pourquoi? parce qu'ils ne peuvent pas en faire eux-mêmes. Réussiraient-ils mieux à faire une vierge? une fille de saint Vincent de Paul, par exemple, une petite sœur des pauvres? Voltaire lui-même dit plaisamment qu'ils n'ont jamais pu faire une sœur de charité, malgré bien des essais toujours infructueux. Il est vrai qu'ils ont des diaconesses... Qu'est-ce que cela? Ce sont de riches veuves vivant dans le monde, qui emploient une partie de leurs revenus à soulager les pauvres. Que de femmes mariées, que de mères de famille parmi nous en font autant! Ils ont encore des colporteurs, des marchands de Bibles, de tracts religieux; ont-ils des apôtres? ont-ils des missionnaires?

Il faut cependant convenir qu'ils ont un bon sens pratique assez remarquable : ils n'ont jamais essayé de faire des miracles : c'est sans doute aussi parce qu'ils craignent de ne pas réussir. Il est plus facile de s'en moquer. Mais ils sont bien quelquefois forcés de les reconnaître et de se rendre à l'évidence ; c'est ce qu'ils ont fait relativement au bienheureux Nicolas de Flue en Suisse. Le fait capital de sa vie est un jeûne complet de vingt et un ans consécutifs, attesté par les archives publiques des protestants comme par le témoignage des catholiques.

L'excellence de sa santé n'a pas été plus contestée que ses austérités qu'il convient de placer parmi les miracles de premier ordre, purement et simplement.

Je citerai encore un fait récent, bien connu, relatif à Louise Lateau, extatique belge. Cette pieuse fille a mérité d'être honorée, comme saint François d'Assise, des stigmates de la Rédemption, c'est-à-dire qu'elle porte sur ses pieds, sur ses mains et sur son front l'empreinte, ou mieux, la reproduction des cinq plaies du Sauveur. Chaque vendredi, vers trois heures, elle entre en extase : pâle, immobile, les bras en croix, les yeux fixés vers le ciel, privée de l'usage de ses sens, elle semble ne plus vivre de cette vie mortelle. A mesure que l'heure sainte approche, on voit ses plaies cicatrisées se rouvrir, se creuser, prendre un aspect sanguinolent, puis on voit le sang couler goutte à goutte Les plaies se cicatrisent bientôt pour se rouvrir le vendredi suivant dans les mêmes circonstances. Je ne saurais dire depuis combien d'années ce fait se reproduit ainsi périodiquement. Une commission de l'Académie de médecine de Bruxelles constata juridiquement ce phénomène et l'analysa *scientifiquement*. Pour écarter toute supercherie, les docteurs introduisirent les mains de la voyante dans un tube de verre, le fermérent hermétiquement et le scellèrent d'un cachet de cire par les deux bouts. Le phénomène se produisit avec les caractères ordinaires sous leurs yeux bien ouverts. Ils durent se rendre à l'évidence et avouèrent le fait; mais pour échapper au surnaturel, ils imaginèrent une explication plus merveilleuse que le miracle même: c'était, dirent-ils, une *maladie* d'un nouveau genre, qu'ils qualifièrent par un barbarisme impie, de *Christomanie.* La mauvaise foi n'a pas de logique. Les protestants peuvent lire dans leur Bible ces paroles du divin Maître: *Ceux qui croiront en moi feront les œuvres que j'ai faites, ils en feront même de plus grandes* (Jean. XII, 12.)

L'Eglise a fait des saints et des miracles bien avant le seizième siècle : les protestants devraient accepter au moins ceux qui sont antérieurs à l'époque de leur séparation, ou ils doivent convenir qu'ils se sont séparés trop tard, et que leurs péres catholiques ont vécu longtemps dans l'erreur (ce raisonnement s'applique à tout autre point de doctrine). Pour ne pas envoyer en enfer leurs pères, ils ont imaginé de dire que toutes les religions sont bonnes : si toutes les religions sont bonnes, pourquoi changer, pourquoi réformer, pourquoi protester? Les variations et les contradictions ne les troublent point; ils en ont pris leur parti. C'est l'autorité de l'Eglise qui leur fait peur comme aux modernes libéraux.

L'autorité est nécessaire dans toute société : pourquoi donc n'y aurait-il pas d'autorité dans l'Eglise catholique, qui est la plus parfaite des sociétés? Ne m'objectez point la durée du protestantisme : il est d'hier, et il tend à sa dissolution. C'est à peine si l'on peut dire qu'il existe comme corps de doctrine, mais plutôt comme parti d'opposition contre l'Eglise. Ce qu'il a conservé du christianisme dure en dépit de ses faux principes, parce que le peuple n'en déduit pas les conséquences dans la pratique. Ce sont de vastes ruines qui se soutiennent d'elles-mêmes, imposantes, majestueuses, comme celles du Colysée; ce sont des rameaux vigoureux, lents à mourir quoique détachés et qui attestent la prodigieuse vitalité du tronc qui les portait. (Voyez note II, page 113.)

XIII

Une chose digne de remarque, c'est que les libéraux, les rationalistes rejettent plus volontiers les vérités terribles qui gênent la belle nature et qui troublent le plaisir. Naturellement la morale en reçoit le contre-coup et en est ébranlée. Les vrais catholiques sont unanimes à dire que le libéralisme nous a donné un christianisme à l'eau de rose, un christianisme ramolli, dégénéré, abâtardi. C'est, sous une forme déguisée, la morale indépendante ; c'est le naturalisme, c'est le sensualisme qui déjà nous ramène aux mœurs du paganisme. Les partisans de la morale indépendante, on peut les appeler les indépendants de la morale. Je crains celui qui ne craint pas Dieu. De Maistre a dit : L'homme qui a le cœur pur est naturellement croyant ; si par ignorance ou par préjugés d'éducation, il lui arrive de s'éloigner de la vérité, on n'aura pas de peine à l'y ramener.

devant son père et sa mère qui l'écoutaient silencieux : La religion catholique est sans contredit la plus belle de toutes, sa morale est parfaite ; mais c'est une religion trop belle, elle n'est pas praticable, elle n'est pas faite pour les hommes. — Elle est bien faite pour les hommes, puisqu'elle a régénéré l'humanité, puisqu'elle a renouvelé la face de la terre, puisqu'elle a produit en tout temps un nombre incalculable de saints personnages d'une vertu éminente, héroïque, puisqu'elle est la plus universellement répandue, puisqu'elle est de tous les temps et de tous les lieux, puisqu'elle convient à tous les peuples et s'accommode de toutes les formes de gouvernement ; puisqu'enfin onze millions de martyrs lui sont restés attachés jusqu'à l'effusion de leur sang, et parmi eux, grand nombre d'enfants et de faibles vierges qui ont préféré la mort à la perte de leur innocence.

Et vous, jeune libéral de quinze ans, je vous dirai avec le grand saint Paul, ce vaillant athlète : « Vous n'avez pas encore résisté jusqu'à répandre votre sang en combattant contre le péché. » (aux Héb. XII, 4) Encouragez-vous du moins à la vertu par ces nobles exemples. « Puis donc que nous sommes environnés d'une si grande nuée de témoins... dégageonsnous de tout ce qui nous appesantit, et des liens du péché dont nous sommes enlacés, et courons par la patience dans cette carrière qui nous est ouverte. » (Aux Hébr. XII. I.) Dites-vous à vous-même comme saint Augustin : « Pourquoi ne pourrais-je faire moi-même ce qu'ont fait tels et telles ? *Quid non potero quod isti et istæ!* » Mais de nos jours on voit peu d'Augustins parce qu'il y a peu de Moniques.

XVII

Ces exemples et tant d'autres que je pourrais citer prouvent assez que c'est sur l'enfance particulièrement que ces principes funestes du libéralisme exercent leur action dissolvante. — Pauvre enfant ! quelle éducation molle ! quelle éducation efféminée ! quelle éducation à l'eau de rose ! On le flatte, on le caresse, on ne lui refuse rien, on lui accorde tout au gré de ses caprices, on trouve bien tout ce qu'il dit, tout ce qu'il fait, on ose à peine lui dire que *c'est mal*, tant on craint de lui déplaire ; au lieu de lui faire envisager la vertu et de la lui rendre aimable, on ne lui propose que le plaisir comme récompense comme mobile de toutes ses actions ; du plaisir, encore du plaisir, toujours du plaisir : où s'arrêtera-t-il sur cette pente si glissante? Qui lui fera jamais connaître la limite entre le plaisir permis, et le plaisir défendu? qui l'aidera, qui le guidera dans ce sentier rude et âpre de la vertu où le juste grimpe avec peine et se traîne plutôt qu'il ne marche? selon l'expression énergique de Bossuet.

Au lieu de lui former la conscience chrétienne, on lui apprend à mettre le plaisir avant le devoir; au lieu de l'*élever*, on l'abaisse, on flatte ses plus bas instincts; parents et domestiques semblent s'entendre pour le gâter; on attise ses appétits naturels pour les plaisirs sensuels; bref, on le met imprudemment sur la voie du vice. Déjà il est devenu très amoureux de sa petite personne, très prétentieux, très égoïste, volontaire, capricieux, indiscipliné, autoritaire : il n'a jamais su obéir, il ne saura jamais commander. « L'enfant à qui tout cède est vraiment bien à plaindre. »

Pour un tel enfant, l'enseignement de l'école et du catéchisme vient trop tard; comme on dit vulgairement, le pli est pris. Qui pourra le redresser? Il éprouve une répugnance invincible pour les principes sévères de la morale, une antipathie naturelle pour le maître qui représente l'autorité; lui, le petit roi de la famille, qui commande au papa et à la maman, il trouve bizarre qu'un étranger lui impose ses volontés; il se raidit, se mutine, ferme son cœur à la voix de cet homme austère *qui ne se croit pas obligé d'aider les parents à le gâter*; en un mot, cet enfant est devenu incorrigible, et l'éducation première produira ses fruits de mort; il fera la honte et le désespoir de ses parents, qui seront ainsi punis par où ils ont péché.

Bientôt ce cœur trop tendre et trop amolli se livrera à un objet moins digne de ses affections: alors, adieu gâteries, adieu cajoleries, adieu petite mère; ingrat, égoïste, cruel, il ne craindra pas de déchirer le sein sur lequel il a goûté tant de douceurs, de percer d'un glaive de douleur ce cœur qui l'a trop aimé; et si un jour il est forcé de boire dans la coupe amère du malheur, si quelque chose traverse ses volontés, contrarie ses caprices, s'il voit tarir la source des plaisirs; alors, impatient de tout frein, manquant de force et de résolution, ignorant ce que c'est que devoir et sacrifice, ne sachant où puiser des consolations, dégoûté de tout, devenu insupportable à lui-même, il voudra en finir avec l'existence, il se fera sauter la cervelle comme le héros de son roman!

XVIII

Laissez-moi vous dire toute ma pensée sur ce grave sujet; si je m impose une trop grande réserve sur des matières si délicates, j'aurai le regret de n'être pas assez compris. La honte, le déshonneur ! on croirait que certains parents ne sont sensibles qu'à cela ; comme s'ils n'avaient des enfants que pour eux-mêmes, pour leur propre plaisir, et non pour Dieu, pour l'Eglise, pour la société. Le déshonneur ! c'est un danger lointain qu'on perd de vue, et on se rassure facilement. Je voudrais un plus puissant mobile, emprunté à un ordre supérieur, à la Religion.

Des parents usurpent les droits mêmes de Dieu à l'égard de leur enfant : ils épient le premier instant du réveil pour lui disputer les premiers élans de son cœur ; on l'adore, on veut s'en faire adorer, c'est un véritable culte, c'est de l'idolâtrie. A ce moment saint et solennel, la première pensée d'une bonne mère devrait être d'élever son âme vers Dieu ; loin de là, on l'en détourne par des jeux familiers, des cajoleries trop tendres, et qui ne sont certes pas de nature à lui inspirer l'amour de la vertu ; puis, les domestiques se mettant de la partie, puis d'autres causes survenant, on arrive petit à petit à ce résultat déplorable qu'on a cautérisé la conscience de l'enfant ; pudeur et remords sont comme le nerf dentaire sous l'action d'un soporifique. C'est ainsi que la conscience s'émousse et perd sa sensibilité.

Voici ce que l'on raconte du père d'Origène, écrivain sacré, savant apologiste, rangé parmi les premiers Pères de l'église latine. Origène était alors tout jeune enfant : son père, pendant son sommeil, découvrait sa poitrine et la baisait avec respect comme le temple vivant du Saint-Esprit.

Mais les chrétiens du XIXe siècle prétendent faire mieux. Vous voulez, dites-vous, élever votre enfant dans des idées libérales ; vous voulez l'habituer à ne pas voir mal à tout : il s'habituera à ne voir mal à rien ; vous voulez l'habituer à ne pas se faire de vains scrupules, à ne pas éprouver de vaines frayeurs à la vue du danger : bientôt il ne craindra plus le danger, il l'aimera : or, qui aime le danger y périra, a dit la Sagesse. Celui qui commet aujourd'hui de grandes fautes a commencé par en commettre de petites : « *A minimis incipiunt qui in majora proruunt.* » Mais le dirais-je? on veut initier de jeune âge les enfants aux plaisirs du monde et leur en inspirer le goût; on leur achète un petit théâtre et ils jouent la comédie, on les conduit au bal d'enfants; ils ont sept ou huit ans qu'on les *marie*, on désigne au bébé de sept ans sa future qu'on appelle sa petite femme, et on lui apprend à écrire de gentilles petites lettres à sa petite femme. Chose étrange ! dans ces familles on prend parfois un ecclésiastique pour précepteur ; mais qu'arrive-t-il? le précepteur refuse de se rendre complice d'une telle éducation, et se retire pour ne pas paraître sanctionner, aux yeux du public, ces travers et quelques autres.

C'est ainsi qu'on veut tout concilier, c'est l'or et l'alliage dans la dévotion.

Une petite étincelle produit un grand incendie. Mille petites causes agissant de concert ; puis, l'attrait du plaisir se développant et grandissant sous ces influences, arrive enfin le moment fatal, où l'on peut dire que c'en est fait de la vertu de votre enfant. Déjà un physiologiste vous signalerait des symptômes, des indices qui vous troubleraient ; bientôt un médecin vous fera des déclarations alarmantes sur sa santé. Un moraliste pourrait vous adresser des objurgations sévères sur votre imprudence, sur votre négligence, sur votre mollesse ; un éducateur de la jeunesse voudrait vous avertir d'un danger prochain, vous ouvrir à temps les yeux sur d'autres conséquences également désastreuses : ravage irréparable dans les facultés mentales, changement déplorable dans le caractère, désordre choquant dans la tenue et dans toute la conduite. Je suis certain que plus d'une mère dira que j'exagère : j'ai fait une peinture simplement naturelle. C'est triste ; je tire le voile et je m'arrête ici.

XIX

Pour résumer et pour conclure, je dis que le libéralisme, en matière de dogme, admettant le contrôle de la raison pure, a des liens d'étroite parenté avec le protestantisme ; il lui emprunte son principe de libre examen et s'appuie, comme lui, sur le rationalisme, mais un rationalisme d'autant plus dangereux qu'il n'a pas les allures franches et use de déguisements, de subterfuges, d'expédients : au nom même de la charité, avec de faux airs de modération, de tolérance, de conciliation, il excuse tout, fait toutes les concessions, concilie des choses inconciliables, et diminue ainsi, selon l'expression du prophète, le nombre des vérités. On ne saurait trop le signaler comme un danger grave pour les catholiques. Il attaque obliquement et sournoisement, dans la personne même du Chef de l'Eglise, le principe d'autorité, nie ou conteste son pouvoir de légiférer, méconnaît en partie son souverain magistère ou même son infaillibilité, s'éloigne ainsi du centre de l'unité, se livre sans boussole à tous vents de doctrine, ouvre la porte à toutes les erreurs, et peut aboutir à des résultats déplorables.

D'autre part, diminuant le respect de l'autorité, il relâche la discipline et les mœurs, trouble les rapports dans la société religieuse, sème la division dans le camp d'Israël, dénature l'idée de liberté ou en exalte outre mesure le sentiment, fausse les consciences, ramollit les cœurs, énerve les volontés, abaisse les caractères, émousse le sens moral, met le corps avant l'âme, l'honneur avant la vertu, le plaisir avant le devoir, les intérêts temporels avant les intérêts spirituels, engage enfin ses adeptes dans la voie large qui est la voie de la perdition. « *Lata porta et spaciosa via est quæ ducit ad mortem.* » (Math. VII, 13.) Rien ne peut mieux ressembler à ce qu'on appelle la morale indépendante. C'est l'opportunisme en religion. Or, je le répète, rien de plus perfide, rien de plus dangereux, c'est le loup déguiè sous la peau de mouton. *Attendite a falsis prophetis* : gardez-vous des faux prophètes, des faux docteurs, des faux frères.

L'Eglise n'est point une école philosophique où l'on soumette les vérités religieuses à la dis cussion des libéraux, des rationalistes, des libres-penseurs, où l'on soit à la recherche de nouvelles théories, de nouveaux systèmes; comme si les investigations de l'esprit humain pouvaient aboutir à la découverte de quelque vérité religieuse jusqu'ici ignorée. Dieu nous a donné sa religion, son œuvre est parfaite. L'Eglise elle-même n'a pas le droit de rien innover; sa mission se borne à transmettre par l'enseignement la vérité révélée, à la défendre contre les attaques de l'incrédulité, en un mot, à veiller à l'intégrité du dépôt sacré que son divin fondateur lui a confié.

Il ne faudrait pas croire que les libéraux aient une méthode quelconque d'enseignement et formulent clairement leurs doctrines: nullement, tout est dans le vague, dans l'indéfini; ce que nous venons de dire, relativement au dogme, résulte de leurs conversations et il y a du plus ou du moins, selon le vent qui souffle; quant à la morale, leurs principes se déduisent surtout de l'ensemble de leur conduite, sauf quelques maximes banales qu'ils invoquent comme des axiomes. Parfois ils tiennent sur la morale de fort beaux discours, exposent des théories superbes et parlent magnifiquement de devoir et de vertu. Animés d'un beau zèle, ils posent eux-mêmes en réformateurs de l'humanité, ils prétendent travailler à la régénération des individus et de la société.

C'est là proprement l'œuvre de Jésus-Christ : pour continuer son œuvre, il faut avoir son esprit, il faut s'attacher à ses pas, il faut observer la méthode qu'il a enseignée par sa parole et par ses exemples, il faut s'oublier soi-même ; renoncer aux attraits de la fortune et du plaisir; en un mot, il faut commencer par se réformer soi-méme. Il ne suffit pas de parler du devoir, il faut commencer par l'accomplir. Les théories n'amènent pas la réforme des mœurs ; le cœur échappe à la contrainte: il lui faut l'entraînement de l'exemple.

XX

Ceux qui parlent le plus de liberté, sont justement les plus autoritaires; et tel qui veut que les *opinions* soient libres, le veut de telle sorte qu'il forcerait tout le monde à penser comme lui. Tel qui se vante d'être libéral ne prend pas garde qu'il est lui-même sous le joug de la servitude ; son libéralisme est un palliatif qui cache à ses propres yeux quelque attache secrète qu'il se dissimule à lui-même et qu'il n'a pas la force de briser. Qui se moque de ses liens n'est plus libre. Les protestants qui parlent sans cesse de liberté et de tolérance ont étouffé le libre arbitre sous la grâce et le décret de prédestination.

C'est ainsi que ceux qui n'ont pas la foi sont les plus superstitieux ; ceux qui ne croient pas à l'Evangile, croient des contes de vieilles, *aniles fabulas,* comme dit saint Paul; c'est ainsi que ceux qui exercent une critique acerbe à l'égard des prêtres, sont justement les plus vicieux; d'autant plus impitoyables qu'ils ont plus besoin d'indulgence, ils jugent par leur propre intérieur; ils ne croient point à la vertu des autres parcequ'ils n'en ont point eux-mêmes; c'est ainsi que ceux qui négligent leurs devoirs religieux se moquent des gens d'église, parcequ'ils n'ont pas le courage de les imiter. De telles gens, il est bien difficile de les tirer d'erreur, difficile même de les aborder: retranchés systématiquement derrière leurs préventions et leur ignorance, ils ne craignent rien tant que d'être éclairés.

On ne peut guère réformer les hommes, à peine peut-on sensiblement les améliorer. La jeunesse, voilà l'espoir de la société. Près de trente ans passés dans l'enseignement m'ont mis à même de connaître la jeunesse; je sais les dangers qui la menacent, le mal qui la travaille, le triste avenir qu'on lui prépare; mon cœur en est ému et toute ma sollicitude se tourne vers elle. Et vous, parents chrétiens, avez-vous rien de plus cher au monde que vos enfants? Laissez-moi vous le dire sans acrimonie, mais avec l'accent de la charité la plus vive : si vous voulez que vos enfants soient bons, soyez bons vous-mêmes; celui qui n'est pas bon pour soi peut-il être bon pour les autres? Ils ont droit d'attendre de vous le bon exemple. Que vos paroles n'aient point à rougir de votre conduite. Qui veut *élever* des enfants doit s'élever soi-même à la hauteur du devoir. S'il s'agissait de complaisances de salon, très bien, on doit faire là des concessions. Mais comment pouvez-vous faire avec le Ciel ces accommodements? Commencez par abjurer vos principes funestes, quittez la voie large, qui est la voie fausse.

A quoi vous aura servi votre libéralisme, et à quoi vous mènera-t-il finalement? s'il vous ferme les yeux sur vos intérêts les plus chers, sur vos devoirs les plus sacrés; s'il vous berce de vaines illusions, s'il vous endort dans une fausse sécurité. Votre état serait-il donc celui d'un malade qui ne sent plus son mal et qui repousse le médecin? Saint Augustin tourmenté du désir de se convertir, disait tous les jours : Demain, demain .. et demain n'arrivait jamais. Il s'est converti cependant, il avait une bonne mère qui l'exhortait et priait pour lui.

Le libéral, sans doute, n'est ni un hérétique, ni un impie, il a la foi, il est catholique..... mais sa foi même fera un jour sa condamnation. — Diderot, qui a écrit contre la religion des livres inspirés de la haine de Satan, pleurait d'attendrissement en voyant de sa fenêtre défiler la procession du Saint-Sacrement; il s'enfermait dans sa chambre pour faire le catéchisme à sa fille; et lui laissait en mourant pour héritage un évangile. Vous avez la foi, j'en conviens; mais la foi qui n'agit pas, est-ce une foi sincère ? Ayez donc le courage de vos convictions; montrez-vous vaillant et généreux au milieu de tant de défaillances qui affligent l'Église et déshonorent la patrie ; que vos enfants apprennent, par votre exemple, à respecter, à aimer la religion. Redites-leur ce que la religion a fait de tout temps et fait encore de nos jours pour le bonheur de l'individu, de la famille, de la société : de l'individu, qu'elle rend maître de ses passions, maître de lui-même, qu'elle élève au-dessus des plaisirs des sens, à la hauteur de ses immortelles destinées; pour le bonheur de la famille, en purifiant et sanctifiant le mariage; en assurant l'inviolabilité du foyer domestique, en relevant la dignité de la femme, en améliorant la condition des enfants; pour le bonheur de la société, qu'elle a tirée de la barbarie, et des ténèbres des superstitions payennes. Les évêques ont formé la France, comme les abeilles forment leur ruche, dit l'historien Thierry. Il suffirait à la gloire de la papauté d'avoir trois fois sauvé l'Europe de la barbarie, et arraché à une destruction certaine la littérature, les arts et les sciences, monuments précieux de l'antiquité païenne. Sans les papes, nous serions idolâtres ou esclaves, barbares ou musulmans; sans eux, nous n'existerions pas, du moins comme nation.

Dira-t-on que l'Eglise met obstacle à la liberté des peuples? On sait par l'histoire que les trois quarts du monde païen gémissait sous les fers du plus dur esclavage, et que c'est l'Eglise qui a fait la pacifique conquête de la liberté *pour tous*. Le pape Grégoire XVI fut le dernier pape qui, dans notre siècle même, défendit sous peine d'anathême, la traite des Nègres. L'Angleterre protestante était alors la seule nation de l'Europe qui se livrât à ce honteux trafic.

Non, la religion n'est point contraire à la liberté des peuples, elle n'arrête pas le progrès des lumières, elle ne nuit point à l'élégance des arts qui tous occupent dans nos temples mêmes une place d'honneur; elle n'altère pas les douceurs de la vie, mais cimente et resserre les rapports sociaux par les doux liens de la charité et de la fraternité; elle n'exalte point le riche et ne décourage point le pauvre, mais leur apprend à tous deux qu'ils sont égaux en dignité devant Dieu, tous deux frères, enfants d'un même père, membres d'une même famille. Elle apprend au chef de l'Etat à gouverner avec équité, sagesse et modération ; et aux peuples, à respecter l'autorité, base de toute société.

Ne rougissons donc point d'un culte qui honore le cœur et l'esprit, et qui étend sur le monde entier les rayonnements de sa gloire. Dans la littérature, les arts et les sciences, ceux qui ont acquis une juste renommée, furent chrétiens, et durent à la religion leurs plus belles inspirations, et les plus grands génies se plurent à lui rendre hommage. La religion fait le bonheur des peuples comme des individus, et dans les siècles d'incrédulité, là où la foi du Christ a été un instant voilée, jamais on n'a vu que les mépris qu'on faisait du ciel, tournassent au profit des félicités de la terre. (*Note* III *p.* 113.)

La religion répond à tous les besoins de l'homme, et à toutes les inspirations de son cœur. Elle a des sourires, des chants de joie pour notre berceau, des pleurs, des chants funèbres pour notre tombeau... Elle guérit toutes les infirmités de l'âme et répand un baume divin sur toutes les blessures ; elle arrête au bord du précipice l'infortuné qui, cédant au faux brillant et aux variétés trompeuses de la séduction, descend rapidement l'échelle des dégradations humaines, et lorsqu'enfin arrive le moment de passer par les ombres affreuses de la mort, la religion, une palme d'une main, une couronne dans l'autre, tourne nos regards vers un bonheur qui s'étend au-delà de la vie, dans ce royaume entr'ouvert par la foi.

Nul ne sera couronné, dit saint Paul, *s'il n'a légitimement combattu.* Celui qui n'a pas l'esprit de Jésus-Christ ne peut être son disciple; si vous vous dites chrétiens, suivez Jésus-Christ. Il ne convient pas que des membres délicats se couronnent de roses sous un chef couronné d'épines. Pour aller au ciel, Jésus-Christ nous a enseigné le chemin du Calvaire; s'il y avait un chemin plus doux il nous l'aurait sans doute montré. C'est celui que tous les saints ont suivi ; aucun d'eux n'est arrivé au ciel par un chemin de roses. Les larmes du repentir ont enfanté les saints ! Rappelez-vous ces paroles du célèbre évêque d'Hippone : Pourquoi ne ferais-je pas moi-même ce qu'ont fait ceux-ci et celles là? Quittez la voie large qui mène à la perdition.

APPENDICE

Je touche aux plus hautes questions de l'histoire et je ne fais que les effleurer, tandis qu'il faudrait des in-folio pour les traiter convenablement; mais les in-folio ne sont plus de notre temps, on ne leur ferait pas les honneurs du salon. En allant au-devant des objections, je voudrais dissiper quelques préjugés.

Le pouvoir des papes au moyen-âge, a été l'objet des appréciations les plus fausses, les plus injustes, et des attaques les plus violentes, les plus passionnées. Institution sage et utile, cependant, et qui a rendu d'immenses services aux sociétés d'alors, malgré quelques abus. Des écrivains protestants ont su le reconnaître, je cite au hasard les plus connus : Ranck, Hürter, Woigt, Guizot... Le moyen-âge est une époque que nous ne devons pas juger par la nôtre, si nous voulons ne pas être injustes. Les nations alors étaient comme à l'état d'enfance, ou plutôt de barbarie ; sorties récemment des forêts de la

Germanie, elles n'avaient pas encore de constitutions sages et fortes et ne savaient pas se gouverner elles-mêmes. Le pouvoir était confié à des chefs électifs, des généraux d'armées, qui attendaient plus de la pointe de leur épée que de la sagesse de leur gouvernement ; plus tard, à raison de circonstances particulières, le sol a été divisé, partagé, morcelé. Bientôt ces ducs, ces comtes, ces seigneurs qui devaient aider le souverain à défendre le pays, le ravagèrent eux-mêmes par leurs guerres intestines. Dévorés d'ambition, altérés de sang, il ne rêvaient que combats, que conquêtes.

On le comprendra sans peine, dans cet état de choses, les nations sentaient le besoin d'une direction forte et éclairée, d'un pouvoir universellement respecté qu'elles pussent prendre pour arbitre suprême dans des différends ; et, de fait, peuples et souverains portaient leurs causes au tribunal du pape comme à un tribunal sans appel ; invoquaient la médiation et l'arbitrage du pape, et se plaçaient d'eux-mêmes sous sa tutelle. C'est ainsi que dès l'an 752, au rapport d'Eginhard, « on consulta le pape Zacharie, touchant les rois qui étaient en France, et qui de la royauté ne possédaient que le nom sans en avoir la puissance ». Le pape répondit : « Il est juste que celui qui est depuis longtemps roi de fait le devienne de droit ; celui qui en a l'autorité doit en avoir aussi le titre. Et il enjoignit que Pépin fut fait roi. »

Ce n'était donc point un pouvoir usurpé à l'origine, mais un pouvoir concédé, reconnu par les peuples, et consacré par un long usage ; pouvoir modérateur par caractère, protecteur-né du faible contre le plus fort. Les désordres qui désolaient alors la société, qu'on se garde bien de les imputer à l'Eglise, quand on peut dire à sa gloire qu'elle à fait de constants efforts pour les réprimer, témoin les excommunications les Trève de-Dieu, les Quarantaine–le-roi, les droit d'asile etc.

L'Eglise, aprés tout, ne procède que par des voies de douceur et de persuation ; elle n'a ni canons, ni prisons, ni gens d'armes ; elle a horreur du sang : *Ecclesia horret a sanguine* ; ses armes sont toutes spirituelles et n'atteignent que les consciences ; ce qu'elle, ne peut empêcher, elle le laisse faire, mais ne le permet pas. Qu'on tienne compte de la grandeur, de la tâche et des difficultés des temps. Dailleurs nous ne prétendons pas que le pape soit impeccable ou infaillible en matière de politique. Il suffirait à la gloire de la papauté d'avoir rois fois sauvé l'Europe de la barbarie. Je ne dissimulerai pas les désordres du clergé à cette époque, que l'on aime à jeter à la face de l'Eglise comme un opprobre : elle en gémissait et les réprouvait, les décrets des papes et des conciles en font foi. La faute doit en être principalement attribuée à l'ingérence du pouvoir civil dans ses affaires et à la funestes influence des puisants seigneurs qui, pour laisser à leurs aînés un plus riche patrimoine, faisaient entrer de force et sans vocation dans les abbayes et les dignités ecclésiastiques, leurs cadets et leurs bâtards, y introduisant avec eux l'opulence, le luxe et la mollesse ; une vie mondaine, oisive et dissipée.

Quand on laisse à l'Eglise sa liberté, elle sait se conduire d'après les principes invariables d'une morale sévère, et elle a assez de sève vitale pour se réformer elle-même. Au reste, les sociétés d'alors se ressentaient trop encore de leur origine barbare. Mais s'il se commettait de grandes fautes, l'esprit de foi inspirait aussi de grandes expiations dont notre siècle sensuel n'est point capable. Qu'au milieu de ces désordres la foi se soit conservée pure et intacte, c'est ce qu'il faut admirer, car cela prouve le constant miracle de l'assistance divine, de l'indéfectibilité de l'Eglise, de la perpétuité de la fo .

De nos jours, ce pouvoir du pape ne paraît

plus avoir la même raison d'être ; les sociétés ont grandi et se sont affranchies de sa tutelle : en sont-elles plus heureuses ? Un jour viendra, qui n'est peut-être pas éloigné, que les sociétés troublées, bouleversées, invoqueront encore la papauté comme l'unique planche de salut, et se tourneront de nouveau vers elle comme vers le pôle de toutes leurs espérances.

Cette civilisation dont notre siècle est si fier, ce n'est pas la civilisation du dix-neuvième siècle mais la civilisation de dix-nenf siècles, excepté ce qui lui est propre. Elle s'est opérée lentement, péniblement sous la bénigne influence, sous l'action civilisatrice de l'Eglise.

« Nous lisons aux Actes des Apôtres que saint Paul, enchaîné sur le navire qui le portait à Rome pour y subir le martyre, releva le courage des matelots consternés par la tempête, et conduisit au port le navire désemparé. C'est l'image de l'Eglise au IVe au Ve siècles. Naguère encore elle priait humblement dans les fers ; elle apparait tout à coup comme une puissance surnaturelle au moment où tous secours humains font défaut, et elle prend la conduite de la société en péril. Mémorable spectacle dont nous voudrions fixer ici les principaux traits pour montrer dans une seule scène comment l'Eglise se fit la protectrice des vaincus et l'institutrice des vainqueurs.

« Le bruit de l'arrivée des barbares s'est répandu : la terreur, l'épouvante les précède. Ils s'avancent comme un torrent dévastateur que rien ne peut arrêter. On voit se succéder à travers la Gaule ces hommes de la Germanie, à la haute stature, aux yeux clairs, où la colère est si terrible, aux cheveux blonds flottants sur les épaules ou relevés en touffe au sommet de la tête. Les voici ces barbares, à l'aspect farouche et redoutable : ils sont revêtus de leurs armes puissantes, s'avancent en rangs pressés, faisant entendre leur cri de guerre et frappant leurs boucliers de leurs sabres. Derrière eux, un peuple plus féroce encore précipite sa marche : c'est celui des Huns avec son chef Attila le fléau de Dieu. L'herbe ne repoussera pas là où auront passé ces cavaliers des steppes d'Asie montés sur leurs petits chevaux infatiguables. ils dorment à cheval; ils mortifient sous la selle de leurs chevaux la viande dont ils se nourrissent. On ne peut considérer sans horreur leurs membres forts et ramassés, leur tête difforme, aux cheveux noirs et lisses, leur face jaune, percée obliquement de petits yeux noirs, tailladée dès l'enfance, afin d'empêcher la barbe d'y croître. Quelle pitié attendre de ces monstres qui n'ont pas même figure humaine ?

« Mais quel secours espérer de Rome agonisante ? Tout ce qui vient de Rome est impuissant. La foule, dont la terreur est au comble, se porte alors à la maison de l'évêque. On implore celui qui, dans le désordre des temps, est devenu magistrat temporel aussi bien que spirituel, celui qui est l'arbitre des procès comme le juge des consciences, l'administrateur des biens des pauvres comme de ceux de l'Eglise, le tuteur naturel de tous les malheureux.

« L'évêque, vieillard vénérable, paraît entouré des prêtres qui l'assistent dans les devoirs de son ministère ; en cette crise suprême, il n'a pas fui le danger, car l'âme du christianisme, c'est le mépris ce cette vie et l'amour de l'autre. Il se montre ému des lamentations de la foule ; mais la majesté digne et calme de son attitude témoigne qu'il n'est point de péril au-dessus de son courage. Il va parler ; le silence se fait de toutes parts. Il dit qu'il n'a point de soldats à opposer à l'ennemi, que le seul refuge aux maux qui menacent la cité est dans la pénitence et la prière. Confiant néanmoins dans la protection du Dieu dont il est le ministre, il ira aux Barbares ; il leur parlera au nom du Tout-Puissant, de celui qui est maître des cœurs et les apaise quand il lui plaît.

« C'est ainsi que, rappelant les âges héroïques de l'Eglise, un archevêque de Paris allait, de notre temps, à travers les barricades, un rameau vert à la main, exhorter à la paix ces autres barbares que toute société cache dans son sein. « Un bon pasteur, disait-il, donne sa vie pour ses brebis. » On sait comme il consacra, par son martyre, cette parole évangélique : frappé d'un coup mortel, il demandait à Dieu que son sang fût le dernier versé.

« Déjà l'évêque du ve siècle s'est revêtu de ses habits sacerdotaux ; il est entouré des prêtres, qui forment une longue procession religieuse : la croix le précède, le chant des psaumes se fait entendre, et le cortège, traversant les flots de la foule qui s'ouvre et se met à sa suite, marche au-devant de la horde, dont on aperçoit déjà l'avant-garde.

« A cette rencontre inattendue, les barbares qui respectent les hommes de la prière, suspendent leur marche comme frappés d'une terreur mystérieuse. Ils s'écartent et laissent pénétrer jusqu'à leur chef le vénérable évêque. Voici en présence le chef barbare et le prêtre chrétien. Nous n'entreprendrons pas de faire parler ces deux acteurs, ni de dire par quelle secrète influence l'admiration et le respect entrèrent dans le cœur du Germain et du Tartare, comment saint Aignan, saint Loup, saint Léon arrêtèrent Attila ; comment saint Germain d'Auxerre et saint Séverin continrent les Allemands. Mais nous reconnaîtrons que, dans ces rencontres solennelles où elle fit rentrer au fourreau l'épée des Barbares, l'Eglise prit possession de ces âmes rudes, dans lesquelles résidait un sentiment de générosité et de grandeur.

« Il ne faudrait pas croire que cette intervention suffit à empêcher les malheurs de l'invasion et à protéger toujours les biens et la vie des populations désarmées ; le plus souvent, du moins, il y eut transaction entre les vainqueurs et les vaincus, et un partage des terres auquel l'Eglise présida, exhortant ceux-ci à la résignation, ceux-là à la modération, sans pouvoir prévenir tous les maux, les adoucissant par son autorité et par sa charité. Avec ce caractère de charité qu'elle tire de son institution divine, elle adopte les nouveaux venus ; elle reconnaît les desseins providentiels de Dieu, distingue les vertus cachées de ces races violentes ; entre ses mains, ces populations vierges donneront au vieux monde usé une nouvelle sève vitale, et leur pudeur purifiera la terre encore toute couverte des débauches romaines, dit un prêtre du temps. » (1)

Les évêques et les moines ont formé la France comme les abeilles forment leur ruche, a dit l'historien Thierry. Ce sont eux qui ont repoussé ou christianisé les Barbares ; ce sont eux qui ont converti et civilisé Clovis et ses Francs et préparé ses conquêtes ; ce sont eux qui ont dirigé l'épée de Charles-Martel contre les Sarrazins ; ce sont eux qui, en soumettant au joug de l'Evangile Witikind et ses Saxons qui avaient résisté si longtemps à la puissante épée de Charlemagne, et en convertissant plus tard les Normands qui ravageaient la France, ont par leurs pacifiques conquêtes, arrêté à la source même, les invasions de ces peuples du Nord ; ce sont eux, avec Jeanne d'Arc, qui ont sauvé la France de la domination des Anglais ; ce sont eux qui ont donné le branle aux croisades et qui en ont dirigé le mouvement de concert avec un pape Français, Urbain II ; ce sont eux qui ont écrit l'histoire nationale, qui ont sauvé les restes de la littérature payenne, nous laissant eux-mêmes des monuments impé-

1. *Grandes époques de la France,* par Hubaut.

rissables ; ce sont eux qui ont déboisé, défriché assaini l'ancien sol de la Gaule : ce sont des prêtres et des religieux qui ont fondé les premières universités ; c'est un prêtre qui a fondé la Sorbonne ; c'est saint Vincent de Paul qui a fait bâtir les sept principaux hospices de Paris ; ce sont des prêtres, l'abbé de l'Epée et l'abbé Sicard qui ont fait entendre les sourds et parler les muets ; de nos jours encore, c'est dans la chaire catholique qu'il faut aller chercher la belle et pure littérature du XVIIIe siècle comme c'est aux portes de nos églises que les pauvres vont tendre la main ; nos écoles catholiques jetaient aussi on peut dire, assez d'éclat, malgré le manque de ressources, témoin de nombreuses palmes remportées aux concours publics, quand au nom de la liberté on vient jeter dans la rue ces sages et dignes instituteurs de la jeunesse. Nous voilà ramenés à l'invasion des Barbares.

Je salue ici ce prêtre vénérable dont le nom vient d'entrer glorieux dans la postérité, je bénis la mémoire de l'abbé Rey, premier fondateur des colonies agricoles pénitentiaires, à qui la Bourgogne reconnaissante vient d'ériger à Citeaux une statue comme à un homme qui doit laisser après lui un souvenir impérissable.

« Venez, s'écrie son panégyriste, venez visi–

ter la colonie un jour d'œuvre, et vous verrez nos frères en blouse : c'est la blouse du P. Rey. Voyez cette pioche modeste déposée au pied de sa statue : cest la dernière dont il s'est servi, mais ce n'est pas la première ; elle est usée comme le sont les outils des vrais travailleurs. Elle n'est pas seulement usée elle est sanctifiée ; chaque jour le P. Rey la prenait sur ses épaules et partait au travail, le chapelet à la main. »

A l'exemple du divin maître, l'abbé Rey a passé en faisant le bien, et donnant au monde l'exemple de toutes les vertus. Lui aussi avait dit : « Laissez venir à moi les petits enfants ! » non pas les enfants heureux, mais ceux qui souffrent dans leur cœur, dans leur âme, dans leur corps. Il a appelé à lui les pauvres, les orphelins, les déshérités, ceux que la société rejette trop souvent de son sein après les avoir corrompus.

Un nouvel apôtre de la Charité chrétienne, qui ne me permettrait pas de dire ici son nom, travaille avec autant de modestie que de succès sur un plus grand théâtre ; ce prêtre au cœur généreux, au zèle infatigable s'est voué corps et âme à une œuvre non moins utile. De ces pauvres orphelins, de ces pauvres enfants vagabonds, abandonnés, il en a élevé, nourri, habillé, enseigné des milliers. Un jour Paris, au cœur noble par excellence, voudra inscrire son nom à côté de celui de l'abbé Rey, au premier rang dans les annales de la charité chrétienne.

L'Eglise, après avoir veillé auprès du berceau des peuples pour les initier à la vie politique; après les avoir protégés dans leurs progrès, par ses sages et fortes doctrines, sans porter aucune atteinte à leur liberté, les soutiendrait encore contre les égarements et les abus qui amènent leur décadence et aboutissent trop souvent à des abîmes, s'ils l'écoutaient, s'ils respectaient sa voix. Mais que de préventions injustes les passions soulèvent contre elles! Les principes sont oubliés, les mœurs se corrompent, le sens moral s'altère, et si, au milieu de ces désordres, si, dans la prévision des calamités qui menacent les sociétés, le Père commun des fidèles élève la voix, sa parole n'ést pas comprise; des hommes prévenus ou pervers, qui égarent le peuple en excitant ses convoitises par les espérances trompeuses d'une liberté sans entraves, d'un bien-être qu'ils sont impuissants à lui procurer, persuadent à la multitude que cette voix de l'Eglise doit lui être suspecte; que l'Eglise ne veut ni la liberté des peuples, ni leur progrès, ni leur bonheur. Cependant l'Eglise, avec son Pontife, sont les seuls à défendre aujourd'hui, non seulement la religion, mais l'ordre social. Voilà la source de la civilisation et du progrès.

L'Eglise triomphante est au ciel ; sur la terre, elle s'appelle l'Eglise militante. La lutte, c'est sa condition d'existence ; la lutte l'épure, la fortifie, la grandit. Le temps de la persécution, c'est pour elle le temps de la moisson. Malgré sa prudence et sa sagesse, elle soulève inévitablement des tempêtes par son opposition constante aux envahissements de l'erreur et à la corruption des mœurs ; elle s'acquitte de son devoir sans crainte et sans faiblesse. Elle a contre elle l'esprit de mensonge, les passions irritées, déchaînées, et les puissances du siècle : la force peut opprimer le droit, mais le droit finit par user la force.

Oui, nous l'affirmons avec une profonde conviction, et l'histoire le dit avec une irrésistible autorité, c'est dans l'enseignement de l'Eglise, c'est dans la pratique de sa morale, c'est dans la vertu vivifiante de ses sacrements, que se trouve la garantie la plus assurée de la liberté et du bonheur des peuples. Elle n'a pas empêché, sans doute, que de graves désordres ne s'introduisissent quelquefois au milieu de ceux qui respectaient en principe son autorité, parce qu'elle ne prive pas les hommes de leur liberté, et n'use point de moyens violents de répression; mais ces désordres ne sont que des accidents; bien loin d'être autorisés ou justifiés par elle, ils sont condamnés, réprouvés par ses maximes invariables et par la sainteté de ses lois.

Ceux qui parviennent à se dégager des préjugés de leur temps, ou qui en ont été heureusement préservés par une éducation éclairée et qui considèreront attentivement la conduite de l'Eglise, ne pourront se défendre d'un sentiment d'admiration, en voyant avec quel zèle persévérant, quelle inaltérable patience, elle poursuit, à travers tant d'injustices, de haines, de persécutions, l'œuvre que Dieu lui a confiée, communiquant aux familles, comme aux individus qui se soumettent à sa direction, ce qu'elle - même a reçu de Jésus-Christ, la *vérité* et la *vie*. Heureux les peuples qui lui laisseront une liberté entière pour remplir sa mission ! Ils éprouveront les effets de son influence salutaire, et ils comprendront ce qu'a dit si bien Montesquieu : « Chose admirable ! la religion chrétienne, qui ne semble avoir d'objet que la félicité de l'autre vie fait encore notre bonheur dans celle-ci. »

Que ne fait-on pas, de nos jours, pour discréditer le prêtre aux yeux du peuple, pour le lui rendre suspect, odieux, méprisable ? *Le prêtre choisi d'entre les hommes,* dit saint Paul, *est établi pour les hommes, afin qu'il offre des dons et des sacrifices pour leurs péchés.* Le prêtre est tiré du milieu du peuple. Vous, paysans, vous, ouvriers, vous pouvez dire : Les prêtres sont nos enfants, et nos enfants valent mieux que nous. Le prêtre est revêtu d'un caractère sacré, il exerce un ministère auguste qui doivent le rendre vénérable à vos yeux ; le prêtre ne vit que pour vous ; il ne peut vous quitter, et vous avez besoin de lui à toute heure pour vos pauvres, pour vos malades, pour vos enfants, pour vous-mêmes ; vous avez besoin de ses secours, de ses conseils, de ses consolations ; la plupart des œuvres de bienfaisance sont inspirées ou soutenues par le prêtre ; tout pauvre qui arrive au village, va tout d'abord frapper à la porte du presbytère. Oui, le prêtre est votre ami dévoué, inséparable ; il vous accompagne du berceau à la tombe ; il préside aux actes les plus solennels de votre vie : à votre baptême, à votre première communion, à votre mariage. Quand les ombres de la mort commencent à obscurcir vos paupières, il vient à vous avec un cœur de pére s'asseoir près de votre lit d'agonie, et vous offrir les suprêmes consolations de la religion. L'impie mourant offre le spectacle déchirant d'une douloureuse agonie : la foi ne lui fait point entrevoir les félicités éternelles, il n'a rien qui relève son âme, rien qui le délivre des épouvantes du doute et diminue à ses yeux les horreurs du cercueil.

D'où vient, cependant, que le prêtre a tant d'ennemis? d'où vient qu'on le poursuit de haines, de calomnies? Le divin Maître l'avait prédit : « S'ils ont ainsi traité le bois vert, comment traiteront-ils le bois sec?... Heureux serez-vous, quand ils vous maudiront, vous persécuteront, et diront contre vous toute sorte de mal, mentant à cause de moi, *mentientes propter me.* » Pourquoi? C'est que sa vue prêche le devoir, la vertu; sa présence est pour plusieurs un reproche; sa rencontre irrite les méchants comme le soleil blesse les yeux des oiseaux de ténèbres. Cela tient à d'autres causes encore : aux traditions malsaines de 93, à la *queue* de Voltaire qui se traîne dans nos campagnes comme un hideux reptile; cela tient à une presse impie et immorale qui distille partout son noir venin; cela tient à la protection dérisoire d'un gouvernement athée; cela tient enfin à l'école sans Dieu. La France est l'unique pays sous le ciel où les choses se passent ainsi : quand on ne respecte plus ni Dieu, ni religion, ni prêtres, on ne respecte plus rien ; voilà pourquoi la France devient de plus en plus ingouvernable. Que Dieu nous soit en aide !

O vous qui, par votre position, votre fortune, pouvez faire du bien autour de vous, comprenez l'étendue de vos devoirs. Soulagez la misère publique ; avec le pain du corps, donnez aussi le pain de l'âme. Ce pain, vous pouvez le multiplier et le distribuer abondamment sans vous appauvrir. Le peuple est affamé de vérité, on lui fait avaler des poisons.

Ces doctrines perverses qui troublent la société et la minent sourdement, combattez-les avec prudence, mais sans transiger ni capituler. *Quiconque sème des vents,* dit la Sagesse, *recueillera des tempêtes.* Conservez les principes, le reste se conservera de soi. Eclairez le peuple, dissipez ses préjugés. On lui parle souvent des droits de l'homme, qu'il connaît parfaitement ; parlez-lui plutôt des devoirs de l'homme, qu'il oublie, qu'il néglige. Que votre exemple en dise plus que vos discours. Apprenez-lui à aimer et à pratiquer la religion, principe éternel de justice et de morale, source féconde de grandeur et de prospérité pour une nation, base essentielle de toute société.

NOTES.

I. On ne manquera pas de m'objecter ici l'inquisition, la Saint-Barthélemy, la révocation de l'édit de Nantes, etc. Je réponds d'une manière générale, 1o l'Eglise a horreur du sang; elle prononçait sur la doctrine, le pouvoir civil ordonnait l'exécution; 2o On jugeait d'après les lois de l'époque, qui reconnaissant la religion catholique comme religion de l'Etat, déclaraient les hérétiques ennemis des lois, ennemis des institutions, ennemis de la patrie, et on les poursuivait comme formant un état dans l'état, entretenant des armées, troublant la paix à l'intérieur et pactisant avec l'ennemi du dehors qu'ils appelaient à leur secours. Presque toujours les premières violences, les premières aggressions venaient des hérétiques; 3o quant aux autodafé en particulier, cela s'explique : le caractère espagnol avait été aigri par les guerres à outrance, par les persécutions sanglantes que l'Espagne eut à soutenir pendant plusieurs siècles de la part des Alains, des Suèves, des Vandales, des Visigoths, hérétiques Ariens, et plus tard, de la part des Maures ou Sarrazins; 4o S'il y a eu parfois des abus et il y en a eu, il ne faut point en accuser l'Eglise, mais quel ques membres du clergé, et avant tout le pouvoir civil qui a trop souvent fait servir la religion à ses intérêts. Au reste des faits particuliers ne peuvent infirmer la règle générale.— Les Juifs persécutés au moyen-âge ont trouvé à Rome asile et protection ; aujourd'hui même il y a encore le quartier des Juifs.

Quant à la St-Barthélemy, on peut dire que Catherine de Médicis agissait en son propre nom et sous sa seule responsabilité ; une femme ne peut d'ailleurs représenter l'Eglise Elle divisait pour régner, était tantôt pour un parti, tantôt pour l'autre, et aurait pu faire massacrer aussi bien des catholiques que des protestants, suivant l'inspiration de son caractère astucieux et les intérêts de sa politique machiavélique. — Des Huguenots quittaient la France à la suite de la révocation de l'édit de Nantes ; ils se réfugièrent en Amérique et abordèrent au détroit de Magellan. Là des hérétiques, luthériens Hollandais, ne les accueillirent qu'à deux conditions : 1o qu'ils parleraient la langue du pays, 2o qu'ils renonceraient à leur secte pour embrasser celle des habitants luthériens.

« Personne n'ignore que Luther, Mélanchton, Nugenhagen Regius et les théologiens d'Ulm et de Tubinge ont décidé que les anabaptistes, en tant qu'hérétiques, pouvaient être mis à mort ; et de fait, Müller, Kraut et Peisker ont subi une sentence de mort à Iéna, avec la participation de Mélanchton, c'est un fait incontestable ; tout le monde connaît les noyades et autres supplices qu'on infligea à ces fanatiques en Suisse, et c'est chose notoire que Servet fut brûlé et Gentil décapité par l'ordre de Calvin. Poët, le coryphée des réformateurs en France, décréta qu'il fallait imiter par le supplice des catholiques, l'exemple qu'avait donné Calvin lui-même à l'égard de Servet ; et en effet, des évêques, des prêtres, des religieux catholiques, furent ci et là mis à mort surtout dans la guerre des paysans, que dirigeaient les chefs de la réforme ; des monuments authentiques en font foi. V. baron de Stark. cité par le P. Péronne, *De vera religione.*

II. Devrais-je parler ici des miracles de Mahomet ? Lui aussi voulut prouver sa mission par des miracles, Il n'en fit que trois mais de premier ordre : 1o Il fit passer la lune par les manches de son manteau, 2o les arbres dansaient et faisaient entendre d'agréable musique sur son passage. (C'est la fable d'Orphée rajeunie) ; 3o depuis sa mort son cercueil est resté suspendu *miraculeusement* à la voûte de la Mosquée, à la Mecque. (Il est en fer, fixé à un aimant). De tels miracles n'auraient guère fait de conversions, sans le redoutable cimeterre, — Crois ou meurs, — et sans la morale si douce du Coran, si agréable aux peuples orientaux! — Les miracles de Jésus-Christ, et plus tard ceux des saints, n'ont rien de forcé, rien de bizarre, d'excentrique, ni d'extravagant, et ont toujours un but moral : le soulagement de l'humanité souffrante, la guérison de quelque infirmité spirituelle ou corporelle. On peut bien dire aussi que la doctrine du crucifiement ne flattait pas trop la pauvre humanité : la croix une ignominie pour les Juifs, un scandale pour les Gentils comme dit saint Paul.

III. Sans doute Robespierre, homme de sang, n'était pas homme d'église ; mais il sentait profondément que la croyance en Dieu est le seul frein qui retienne les passions et, dans la violence de leur lutte, il invoquait ce dernier salut. — Aussi l'entendons-nous s'écrier : « Que voulaient-ils ceux qui, au sein des conspirations dont nous étions environnés, au milieu des embarras d'une telle guerre, au moment où les torches de la discorde civile fumaient encore, attaquèrent tout à coup les cultes par la violence pour s'ériger eux-mêmes en apôtres fougueux du néant et en missionnaires fanatiques de l'athéisme ? ... Etait-ce le désir de hâter le triomphe de la raison ? mais on ne cessait de l'outrager par des violences absurdes et par des extravagances concertées pour la rendre odieuses ; on ne semblait la reléguer dans les temples que pour la bannir de la république...... Qui donc t'a donné la mission d'annoncer au peuple que la divinité n'existe pas, toi qui te passionnes pour cette aride doctrine et qui ne te passionnas jamais pour la patrie ? Quel avantage trouves-tu à persuader à l'homme qu'une force aveugle préside à ses destinées et frappe au hasard le crime et la vertu ; que son âme est un souffle léger qui s'éteint aux portes du tombeau ? ...... » (Rapport fait au nom du comité de salut public séance du 18 floréal an II)

« Les hommes sont superbes, dit Bossuet, ils ne veulent pas s'humilier pour recevoir les sublimés que Jésus-Christ leur annonce ; ils sont charnels et sensuels ; ils ne veulent pas se dépouiller de leurs sens pour entrer dans les choses spirituelles où il veut les faire entrer ; ils sont vicieux et corrompus, et ils ne peuvent souffrir d'être repris par la vérité. *La lumière est venue au monde, et les hommes, ont mieux aimé les ténèbres que la lumière ; parce que leurs œuvres étaient mauvaises ; car celui qui fait le mal hait la lumière.* »

IMP. DES APPRENTIS-ORPHELINS. — ROUSSEL. 40, RUE LA FONTAINE 40

www.ingramcontent.com/pod-product-compliance
Lightning Source LLC
LaVergne TN
LVHW020332230826
846091LV00003B/842

* 9 7 8 2 0 1 1 7 5 5 1 2 4 *